萍说 教育那点事

TODAY
HOW TO BE
A PARENT

今天怎样做家长

我们以健全的人格魅力
来影响孩子
我们用宽厚无私的爱
来呵护孩子
我们用教育的智慧和艺术
来启迪孩子

读懂教育 读懂自己 读懂孩子

楼秀萍 ◎ 著

中国国际广播出版社

图书在版编目（CIP）数据

今天怎样做家长 / 楼秀萍著 . -- 北京：中国国际
广播出版社，2020.7
ISBN 978-7-5078-4714-7

Ⅰ . ①今… Ⅱ . ①楼… Ⅲ . ①儿童教育—家庭教育
Ⅳ . ① G782

中国版本图书馆 CIP 数据核字（2020）第 136463 号

今天怎样做家长

著　者	楼秀萍	
责任编辑	张娟平	
装帧设计	郦　帆	
校　对	吴光利	

出版发行	中国国际广播出版社 ［010-83139469　010-83139489（传真）］
社　址	北京市西城区天宁寺前街 2 号北院 A 座一层
	邮编：100055
印　刷	廊坊市海涛印刷有限公司

开　本	700×1000　1/16
字　数	236 千字
印　张	14.5
版　次	2020 年 7 月 北京第 1 版
印　次	2020 年 7 月 第 1 次印刷
定　价	58.00 元

序

　　我有幸拜读了诸暨海亮教育集团海亮小学楼秀萍老师关于《今天怎样做家长》一书，一个个生动而成功的教育故事，一篇篇对家庭教育的思考感悟，体现了楼秀萍老师爱的责任与教育的情怀。正是这种责任与情怀，让她孜孜不倦地学习阅读；正是这种责任与情怀，让她思考、撰写关于家庭教育的点点滴滴；正是这种责任与情怀，让她成为家长教育孩子的人生导师，使家长换个视角看孩子，刷新一个个孩子成功的记录，使家长更懂得今天如何做家长，如何读懂孩子，更加智慧地教育孩子，换来孩子们的信任和自信，使孩子全面而有个性地快乐成长！

　　人们常常说，教育是项系统工程，家庭教育是一切教育的基础。蔡元培先生说过，"家庭是人生的第一所学校"。家庭教育在孩子的成长中乃至于一生都具有无可替代的独特作用，家长是孩子的第一任老师，也是最长久甚至终生的导师。自古以来，人们就深知家庭教育对孩子的成长至关重要。从接受教育的过程来看，家庭教育是一个人接受最早、时间最长、影响最深的教育。一个人从出生到成人，都离不开家庭的教育和影响。父母的一言一行、一举一动对子女都有着言传身教、陶冶习染和潜移默化的作用。

　　美国人泰曼·约翰逊认为，"成功的家教造就成功的孩子，失败的家教造就失败的孩子"，天下所有的家长谁都知道教育孩子是人生重要的事业，而人生唯一不能失败的事业就是教育孩子。可是，家长们！当你们"望子成龙""望女成凤"心切的时候……

　　你是否意识到，当你把对自己子女的教育甩给自己的父母，自己去忙事业、忙赚钱、打麻将……可否知道你的做法会给孩子的成长和家庭的未来留下深深的隐患？

　　你是否意识到，当你们夫妻感情不和、经常争吵、言行粗鲁的时候，你可否知道孩子在这样的家庭环境中，得不到足够的关爱和照顾，很难体会到家庭的温暖，使他们在精神上感到孤独与无助，也会使他们出现急躁、情绪不宁、性格孤僻、不合群等不健康心理?

你是否意识到，当你口口声声问孩子"今天作业完成了吗""这次考试排名第几"的时候，你可否知道比知识作业、比考试分数更重要的品格、习惯等成长的根基被忽略了，容易导致支撑人生的精神动力缺失?

你是否意识到，当你遇到孩子犯错误时，便随意乱发脾气，动辄呵斥、打骂、否定与排斥的时候，你可否知道孩子便会产生恐惧心理，心灵上受到打击，伤害到孩子的自尊心，就会产生失落、自卑感等不良心理效应，甚至会导致人格的残缺?

你是否意识到，当你无休止地在唠叨"快点儿洗手，快点儿复习功课""快点儿吃饭，不要看电视、不要上网络""学习要紧、什么都不用管""快点儿睡觉、不要'胡思乱想（异性）'""你怎么这么差，别的孩子有多好""父母这么辛苦，你一点儿不懂事，没出息"等无数个缺点、无数个指责的时候，你可否知道孩子却渐渐地失去了与父母交流的愿望，把自己的心扉为父母紧闭? 直到有一天突然听到孩子说"讨厌，你烦不烦，恨死你!"你才会感到吃惊: 为什么我种下的是爱，收获的却是恨呢? 我都是为你好，你为什么不理解? 亲子关系的冲突与对立就这样开始……

正是家长们不同程度地存在着缺乏科学的家庭教育理念的引领，守着陈旧、落后、错误的教育观念，用着原始自然的教育方式，重智育轻德育，重生理轻心理，重外显轻内省，重教而不会教的现象相当普遍，解决家庭教育实践中的问题和矛盾，已到刻不容缓的地步!

正当家长们在矛盾困惑、愁眉莫展、束手无策，感叹自己的孩子怎么这样"不听话"、难教育的时候，楼秀萍老师的《和孩子一起成长》一书问世了，受到教师、家长的欢迎! 事隔一年多，《今天怎样做家长》又与教师、家长见面了，全书依据孩子的思想特点和身心发展规律，针对各学段家庭教育遇到的迫切需要解决的问题，采用故事导读、心理咨询、家教观点和亲子互动等独特、通俗易懂的随笔写作方式，从家庭教育的理念到指导实践操作，字里行间渗透着秀萍老师对教育、对家庭教育本质的诠释，充满了学校教育、家庭教育的智慧，体现家庭教育观念与行为的思考与创新。

《今天怎样做家长》是秀萍老师《和孩子一起成长》一书的延续，凝聚着她数十年家庭教育的心血与结晶。该书不仅在家庭教育中具有重要的应用价值，更具有提升家长与孩子生命质量、创造幸福人生、建设和谐家庭的精神价值!

　　《今天怎样做家长》挖掘了中华民族优秀文化中的"家教、家风、家德"的精髓，借鉴了西方发达国家现代文明中人性关爱、尊重个性、独立人格、创新思维的精神，又根据当今时代社会对人才培养的要求以及家庭教育中遇到的带有普遍性的问题，针对孩子不同年龄、不同学段的特点，精心设计了指导家庭教育的内容：包括读懂孩子、问题诊断、正面管教、智慧引领等十辑，内容体现了家庭教育的传承性、开放性、时代性、针对性和循序渐进性。相信《今天怎样做家长》一定将成为老师、家长和孩子们成长的良师益友！

　　《今天怎样做家长》一书的语言通俗易懂，深入浅出，具有可读性，为家长们提供了改变家庭教育观念、转变日常养育孩子的行为方式，建立平等和谐、亲密的亲子关系，提供了具有可操作性的教育范本。能够帮助年轻父母们有效地处理教育孩子过程中出现的一些问题，从中寻找到你想要的答案，并得到思维的启迪，生成你教育孩子的智慧。

　　家长们！学习是现代家庭生活方式的一种常态，教育孩子成为你创造人生价值、经营幸福家庭的事业。为了孩子的健康成长，为了家庭的幸福美满，推荐家长们阅读《今天怎样做家长》，读懂教育、读懂自己、读懂孩子，给孩子少一份责备，多一份宽容；少一份教训，多一份尊重；少一份包办、多一份独立；少一份批评、多一份赞赏，让孩子在平等、宽松、自由的环境中健康成长。

　　年轻的父母们！爱孩子是每个父母的责任，也是每位教育工作者的责任。一个心中有爱的孩子，他的品行就有了根基；一个有根基的人，他就能为别人带来幸福。要想做一位幸福成功的父母，就要能为孩子创造幸福与成功；要培养孩子的健康人格，首先自己应是一个具有人格魅力的人。愿我们以健全的独特人格魅力来影响和教育我们的孩子。用我们无私的科学的爱，用我们的教育智慧与艺术，呵护与浇灌祖国的花朵。为了孩子的明天，为了祖国的未来！

　　　　　　　　　　浙江外国语学院德育研究所所长、教授　朱仁宝

　　　　　　　　　　2020 年 5 月 18 日于杭州

自序

1

有时候，一段时间忙下来，没有时间静心思考，会感觉若有所失，心中惶惶然而不踏实。但若哪一天，突来灵感，记文一篇，则感觉思想有所整理，创造有所外化，则十分欣慰。

看来，通过思考和写作，我进一步找到了生命的意义。

因思而喜悦，因写而快乐。于是，我就不定期地、自得其乐地写了下去。

因十多年前就成为绍兴市、诸暨市的家庭教育讲师，所以一直把目光投注在熟悉的家庭教育领域。

一年半前出了第一本书《和孩子一起成长》后，继续观察、思考、涂写。水到渠成了，就再一次结集出版。

做一名思想者、笔耕者，永远在路上。

2

疫情期间，在心理热线值班。听到家长来电抱怨孩子学习之不努力，父母教育之不爱听，十分苦恼，又听闻孩子对家长不理解自己而心灰意冷，对成绩止步不前而焦虑不堪。

教育是需要有前瞻意识的，孩子的问题呈现往往是滞后的。

当问题爆发出来时，其实已经聚积很久了，可一般的家长都缺少这样的火眼金睛和未雨绸缪。而当问题出来时，手足无措或不当作为。

我总以为，孩子是可怜的，也是无辜的。没有一个孩子，天性本恶。

可是，不好的教育，特别是家庭教育，却让有些孩子活得不自信、不自主、不自由，也不幸福。

今天我们做家长，如果有更理性的意识，更智慧的方法，那么，必然会让更多的家庭笑声朗朗，让更多的孩子快乐前行。

3

因为阅读，因为观察和思考，并且接触过很多的案例，让我很乐意去了解和探索孩子的成长问题。

我喜欢从系统的角度去看孩子的问题、家庭的问题。观察一个孩子的种种表现，往往能从孩子背后的父母和家庭中找到线索，得到归因。

很多时候，问题的存在是有共性的，孩子的表现是有其必然性的。

今天我们做家长，如果我们能有更多的学习和觉知，那么我书中呈现的家长困惑一定会少很多。

4

上一本《和孩子一起成长》一书出版后，在家长、教师队伍里获得了良好的反响。有人评价说，接地气，有指导意义；有人感慨说，教育重要的是了解孩子；有人反思说，自己的教育需要好好反省。

平时对教育的所思所言，我发在个人公众号"萍言平语"上，有人持续关注着，学习着，交流着。

这些都给了我莫大的鼓舞。

故事出发，没有高深的理论，有的只是发生在身边的真实案例；没有无病呻吟，有的只是对身边家长和孩子的真诚关注。

我把自己的小文比作一颗星火，虽然起的作用不大，但如果持续地点燃呢？是不是也可能有更多的光明，去照亮有缘的人？

今天怎样做家长，引起我们很多的困惑，也带给我们实践的信心和希望。

我们，一起思考和努力，坚持在路上。

目录

辑一　读懂孩子

孩子在想什么？孩子的需求是什么？孩子的身心发展有怎样的规律？家长往往困惑于读不懂孩子，于是教育也无法对症下药。读懂孩子的心理、需求、兴趣，是创造良好亲子关系的前提，是保证好的家庭教育效果的基础。

孩子爱你的程度，你不知

你看过这样一个访谈吗？镜头先是对准一个房间里的几位妈妈，让她们给自己的孩子打打分，妈妈们似乎都很"谦虚"，有的说，我的孩子很调皮，有时不听我的话，我给他打七分；有的说，我的孩子其他还不错，学习成绩不够好，我给她打八分，基本是没人给孩子打满分的。然后镜头移到另一个房间中的几个孩子身上，让他们给自己的妈妈打打分。

你猜怎么着？绝大部分的孩子一边露出甜美的笑容，一边毫不犹豫地把满分给了妈妈。"十分！""我打十分！"此起彼伏的声音让另一个房间可以直接看到显示器，听到声音的妈妈们泪流满面。

妈妈们感觉到不好意思啊，我们的孩子，爱我们，比我们爱他们多啊。

孩子，特别是小的时候的孩子，他们爱自己的父母，有条件吗？很少。只要父母能陪伴他们，能看见他们，能鼓励他们，他们还有过多的奢求吗？哪怕到青春期，只要父母们能理解他们，能支持他们，能了解他们的精神需求，他们对这样的父母已是感觉到难能可贵了。

而我们作为父母的呢？虽然愿意掏心掏肺付出爱，但也喜欢去给爱添加一些期待。最好希望孩子身体健康，但身体健康的时候要求肯定也是水涨船高的，学习成绩和张三李四比，技能素质与王五钱六比，听话乖巧与赵七杨八比，虽然管吃管喝买礼物去游玩还给很多零花钱，可是左比右比下来，孩子却觉得父母不是真心爱自己，没有真正接纳和认可自己。

因为在孩子看来，大人的爱，附加了条件，最好你能更优秀，最好你能给家庭增光添彩，最好你能完成父母未实现的梦想。

有个家长曾说，我在单位是领导干部，手下们的孩子大部分上了重点高中，你如果考不上重点，你让我的面子放哪里？

父母终究更爱孩子呢，还是更爱自己的脸面？

有个家长抓狂说，我们含辛茹苦养育他，培养他，一切为了他，读了高中，选哪几门课，都死活不依我们，真是白眼狼啊。

终究是孩子的理想与选择更重要呢，还是父母自己的控制欲更重要？

有的家长也会陪伴，可陪伴的时候却是只看到了缺点和不足，增添了指责和抱怨，对成绩的起起伏伏更是急不可耐，气不打一处来。

究竟是孩子的信心和良好的习惯更重要，还是一时一刻的分数更重要？

爱是什么？爱不是溺爱，不是纵容，也不是要求多多。爱是深深的理解与接纳，爱是无条件的看见与关注。

爱是无须理由的。

就像孩子爱妈妈，无理由无条件地就给了满分。

昨天德法课上，我袋里有个砂糖橘，下课前，我把它奖给了听得特别专注的小孟同学。等下课时，她追出来，塞给我一个大苹果，说，楼老师，平安夜快乐，送给你的，满脸是害羞又自豪的笑容。

我以为这是孩子的投桃报李。善良又怯弱的孩子，给一点儿阳光就灿烂。

晚上，小孟的妈妈和我交流，说这个苹果是她前一晚藏好的，她说只想送给楼老师，她宁愿自己也不吃。

我没有对她特别付出啊，孩子却愿意倾囊而出。

也许因为，我给了她一点儿信心。

因为小孟同学是个起步稍晚的孩子，她喜欢沉浸在自己的世界里，有时会有点执拗，但她是那么纯真可爱。

也许我会鼓励同学们去为自己所爱的人付出，小孟同学在家整理几柜鞋子，让妈妈拍照给我看，我会肯定和表扬她做得好。

也许是我上课时会鼓励她，给她机会，等待她的暂时不愿意说或暂时做不好。

也许我会看见她妈妈在人前念叨她的时候，阻止她妈妈，提醒妈妈照顾到她的自尊心。

也许我会在她妈妈对她不良的学习习惯着急上火时，提醒她少抱怨，支招推进的办法，去解决问题，去耐心等待。

每个孩子都是不一样的植物，哪怕都是花，花期也是不一样的。也许因为有这样的认知，让我更多了一份宽容。

但是，我有全心全意去照顾过小孟吗？有像主要学科老师一样呕心沥血教导过她吗？有像妈妈一样含辛茹苦地陪伴引导她吗？

都没有。

只是温和地对待她，偶尔鼓励她，如此而已。

可是，孩子接受到一点点儿爱的阳光雨露，却愿意把她的所有都回报给你。

孩子爱我们，远远超出我们爱他们。

和孩子玩在一起

还未打铃，走进 102 教室，小傅同学说他二十颗五角星满了。我果断地说，那跟老师玩喽。我就放下课本，二话不说抱起了小小的他，在教室里转了几圈，然后把他背在身上，走出教室，在走廊上转转，又到 101 班教室里转了一圈。两个班的孩子都欣喜地叫着，簇拥在后面鱼贯而出，有的还兴奋地来拉我的衣角。我又到 103 班门口晃了一下，然后背着孩子回到 102 班，看，101 班孩子也跟着在教室门口、窗口张望，一脸欢喜和羡慕。

上课铃声响了，大家归位。我采访小傅同学，心情怎么样。小傅同学口才很棒呢，他说，我真的太开心了，楼老师把我背来背去，同学们跟来跟去，我从来没有这么高兴过！

下课时，小斯同学来抱我，小陈同学来拉我，我急着回办公室处理事情，拉不开她们的手，就故意说，来，碰到老师的身体或手，扣五角星啦。五角星如此宝贵，她们才舍不得被扣，连忙放开了手。我故意又追过去，伸手佯装碰她们，她们尖叫着跑开，几个男生也马上跑过来，跑到我身边，看我伸手要抓他们，又猴子一样蹦开了。大家哈哈大笑着，特别开心。我往办公室走去，走着走着，又故意突然回头，探身做出抓人的架势，又掀起一阵欢笑。

孩子特别喜欢这样玩，不是吗？因为这个时候，他们会感觉老师和他们平起平坐，喜欢着他们的喜欢，快乐着他们的快乐，而且老师明显是认可他们，对谁都一视同仁的。

家长呢，不是一样吗？哪个孩子会不喜欢自己的父母有童心童趣呢？

可爱的王家长跟我说起他和女儿一起玩的故事，让我忍俊不禁。他说，我常用好吃的好玩的来鼓励孩子，久而久之孩子就不稀罕了。有一次我突发奇想对三年级的女儿说，期末考试三门能达到目标的分数奖励你 100 元钱，或奖励你给我化妆一次也行。女儿开心地说，太好了，那我要给你化妆！我说，三门课中要有一个是 100 分，那可是很难的哟。可想而知，期末复习孩子特别认真，她经常念叨着，我一定要给爸爸化一次妆，结果她成功了。那一天孩子兴冲冲地跑回家给我画了一个多小时妆，还用她妈妈的手机发了朋友圈。那一天，她别提有多兴奋了。而且后来我发现，孩子明显跟我亲近很多，也特别听我的话。

你看，多有意思的老爸，他用巧妙的方式激励了孩子，也给孩子的童年创造了一次美好的记忆。

今天上课时，说到家里玩耍的话题，我让孩子们说说在家里和父母玩得最开心的事。小寿同学站起来，未开口先捂着嘴巴笑个不停，他说，我和妈妈玩卖玩具的事，是我最最开心的。我们把家里的玩具拿出来，我做老板，妈妈做顾客，她用我们自己画的钱来买。她问我，老板，这件玩具多少钱？我说，100 元。妈妈居然给了我一万元，我找都找不清楚了。然后，小寿同学又捂着嘴巴偷偷笑。

你有共情能力吗？这就是共情，家长你了解孩子的感受和需求，理解他的想法，做出和他同步的行为，孩子感觉到被接纳、被尊重、被肯定，孩子会为这样的"志同道合"深深地感动和欣喜。孩子喜欢和他们相似的人，孩子喜欢真心喜欢他们的人。

你能和孩子玩在一起，孩子就能听你的教导。因为，孩子会真正感觉到你是"自己人""知心人"，而不是居高临下、指手画脚的"说教者"，或者表面上说着爱爱爱却内心焦虑要求频多的"唠叨者"。

下次我还想来

"老师，我们来了。"9号中午12点，我准时到了尚高楼3003的小小咨询室，准备为与小蒋预约好的几个五年级孩子提供一双倾听心事和困惑的耳朵。刚打开资料袋，两个可爱的女同学就面带微笑蹦进来了。

孩子很活泼，心里应该是比较阳光的，我暗暗猜测。

我让她们坐在扇形椅上，我拖过一把凳子坐在她们面前，先记下了各自的姓名和班级，然后笑着问道："你们有什么想告诉老师或者需要老师们帮忙的？"

小邵同学马上说，老师，其他我没什么，就是写作文很苦恼，写不好来。特别是这次的《漫画老师》，我要重写。

"你想得到具体的方法对吗？那我们就针对这篇作文来讨论一下思路，好吗？小王同学也一起出点子。"我说。

她们开心地点点头。

"漫画跟一般的画相比，是不是比较特别，不那么中规中矩？那漫画老师，就说明你的选材必须特别一点儿，不能光是写老师上课、帮我补课、送我上医院这些别人写烂的事情了。那可以写什么呢？比如老师很爱美、会乐器、会打球、会讲笑话、会变魔术、爱和学生一起玩等。"

她们表示赞同后，我看她们的语文老师很有特点，我也熟悉，便引导她们一起挖掘语文老师的独特个性。一篇作文就在我们的讨论中口头有了初稿。

"写作文难吗？"我问小邵。

"好像也不难。"小邵抓抓头皮。

"那平时多观察，多看好书，文章多修改，和写作好的同学多交流经验，多问问老师，慢慢就会进步，好吗？"

"好的。"

我面向小王："你有困惑吗？"

"有啊，老师，我有三个困惑。我先说第一个，有几个男同学老是要嘲笑我，我很难受。"小王面色凝重起来。

"什么事情上要嘲笑你？"

"比如，他们嫌我跑步慢，说我胖，还说啦啦操比赛是我拖了班级后腿……"小王一口气说道。

"这样无故被男同学笑话，你心里很不好受。"我共情道。

小王的眼睛一下子红了，她说："我根本没有拖后腿。"

"你觉得被冤枉了，很生气。"我看见了她的情绪。

"她啦啦操做得好的呀，就是因为在第一排。"小邵补充说。

"噢，男同学看到班级输了，想当然地在认为。那面对这样的嘲笑，一般你们会采用什么方式应对呢？"我想听听她们的已有经验。

小王说："我有时自己生闷气，有时会反击他们说，你哪只眼睛看见我拖后腿了？"

这样有效果吗？我问。小王说有时也有效果。

"好的，这叫大声反击法，吓退乱说的男同学，像个女战士嘛。"我笑着总结。

她们扑哧一声笑出来。

小邵兴奋地说："我有一种方法，比如，有人故意骂你白痴，你就问他，什么叫白呀，什么叫痴呀，他如果一时答不上，你就可以说你自己都不知道，才是真的白痴呢！"

我们都哈哈大笑。

我说："哎，这个方法不错，很幽默呢，我们可以叫装疯卖傻法。老师也教你们一种沟通的方法，叫非暴力沟通法。直接告诉对方你的心情感受，你的需要和希望。我们来试试吧，小王做男同学，老师做小王。"

小王说不敢，小邵自告奋勇来演。她说，你长得真胖。

我回答："你说我胖，拿体型嘲笑我，我听了很不开心，我需要你尊重我，以后不要这样可以吗？"

然后，我让小王试着说说看。我们又找了她被男生嘲笑的另外几个情境，用非暴力沟通语言一起演绎了一下。

我又说："应对的方式可以多样。我们也可以用不予理睬法，一笑了之。不过内心一定要平静，不能生闷气。也可以想想，男生来嘲笑你，拿你开玩笑，是不是他们觉得你比较好玩，可以接近，才逗你乐呢，虽然说的话不太好听。"小王歪着头若有所思。我转身问小邵："小王同学关系怎么样？人是不是很好相处？"

"她人挺好相处的，朋友也挺多的。"小邵肯定地说。

"那就很有可能性了，你好相处，所以男生要逗你。如果你总是大声呵斥和反击过去：不要惹我！估计他们都会避而远之了。"我对小王说。

小王害羞地抿嘴一笑说："对了，有一次我妈妈来看我，有个男生说你妈妈看起来不聪明的。我大声骂他：闭上你的臭嘴！他连忙跑开了。"

"挺勇敢的，是的，如果你明白这个原因，你就会庆幸，你有好的人缘，所以大家喜欢拿你过过嘴瘾，所以也可以用理解包容法。但为避免玩笑开得大了，惹你不开心，你也要灵活运用上面说过的方法，坚持自己的原则。"

小王点点头。

然后我们一起回顾了应对班级同学出言不逊的方法，包括大声反击法、装疯卖傻法、非暴力沟通法、不予理睬法、理解包容法等。

"做一个灵活的、开心的同学，现在你们有方法了吗？"两位同学不停地点头。

接下去，小王同学又抛出了两个困惑，我们也在融洽的讨论中找到应对的办法。

下午的上课铃响了，一个小时已悄悄过去。

我问："现在心情怎么样？"

两位同学异口同声说，很开心的。

我站起身，说："那老师的倾听就到这里了，你们先上课去吧。"

小王同学说，老师下次我还想来。小邵也说，我也想来。

我送走了两位步履轻快的孩子，坐下来整理资料。望一眼窗外，阳光明媚，一如我此时做完公益的心情。

你的能量呢

好朋友说，读初中的女儿状态不太好。

怎么个不好呢？不外乎学习没劲头，成绩不理想，心情不太好，不爱说话，以往的乖孩子变得不耐烦、爱顶嘴。埋头读苦书，没有朋友玩，整天拉长着脸，看起来了无生气的样子。

好友很担心，孩子是怎么了？

想到我的女儿。

晚上女儿画画完毕被老爸接回家后，就是我们快乐的交流时光。每天，我像等无话不说的好友一样等着她。我泡脚，她吃夜宵。

妈，我感觉现在的初中生跟我们那时不一样了，变得像社会人的样子，QQ里都会发些很成熟的"说说"。

是不是急于彰显自己已长大？我问。

帆说，其实很幼稚。但一部分人这样发，很多人就会看样，生怕不合潮流，被同伴嫌弃。

妈妈，我突然想到一件事，孩子从小还真得优秀点儿，要么成绩好，要么有特长，否则他会没自信。到初中后，朋友是特别重要的，和优秀的凑不到一块，就会和一些不太要上进的混在一起，行为上就会慢慢被影响。

女儿又说，记得上次画室拍毕业照，一群画画不太好的女生基本都是化妆的，忙着涂脂抹粉。我素面朝天就去拍了，也没人说我，我也不觉得自卑。反正她们知道我从不化妆，我也知道我画画比较好，跟她们不一样，心理上有点儿优越感。如果我平时画得不好，我肯定会和她们选择一样，否则就太格格不入，也太没信心了。

生命是需要能量的，否则就没有活力，没有生命力。能量系统里有价值系统、情感系统、求助系统。

孩子需要什么？

价值感和归属感是人最本质的追求，每个人都有得到赞美的渴求。孩子们更需要被人肯定，来自同伴、老师、父母的肯定和鼓励。

孩子的价值感有同伴价值感、同性价值感、异性价值感。

当孩子在班级中要么成绩好，要么管理能力强，要么能在比赛中为班争光，这些都能获得同伴的认可，他就有同伴价值感。

如果孩子从小不够优秀，老师家长也忽略了他，没有有意地去鼓励他，给孩子创造展示特长的机会，那他在集体中就没有自信，缺乏存在感。那么，他们就坐以待毙吗？很多人不会，特别是自尊心强的孩子。

然后就会出现，男生爱打架，女生爱打扮，这不仅仅是个品行问题，其实还是心理现象。因为男生比力量，女生比外貌都会给他们带来同性价值感。

然后，还会有人出现早恋。他们要追求异性价值感。虽然我书读得不咋样，但我有异性缘啊，你埋头苦读，没男生追求，又有什么可显摆的？

写到这儿，我哑然失笑了。难怪昨天有个亲戚聊起来，说自己六年级的女儿成绩、表现都很棒，在班上也颇有威望。但女儿聊起班上有个女孩子已经收到了两个男生的情书之事，满脸都是艳羡之情。

情感系统是什么？就是亲情、友情、爱情等。初中孩子，最看重友情。

求助系统是什么？就是当孩子碰到挫折困难时，她能深信，周围有目光在注视，有大手可以援助，有肩膀能够依靠，有资源可以选择，自己从来不会孤军奋战。

如果这三个系统都是很贫乏、很冰冷的，那么，内心不够强大的人，特别是成长中尚显脆弱的孩子就会出些状况，比如厌学、抑郁、封闭自己等。

所以，如果一个女孩子，书读得不太好，长得也一般，交往能力不强，朋友很少，没有足够的自信，人又敏感，加上师长要求严格，又不肯鼓励，没有爱的滋养，她是很容易情绪低落，能量低迷的。

孩子和成人一样不容易

上篇说到小孩子需要价值感，需要情感依靠，需要有资源支持。

成人就很容易吗？

其实，你只要明白生命能量系统的构成，就很能理解成人世界的一些事。

一个从小受尽生活的磨难，出外闯荡，好不容易赚到大钱的人，他很难锦衣夜行，总要大张旗鼓回乡贺一贺，让父老乡亲看一看他今日的出息。如果你能了解他内心深处的自卑情结，他想体现价值感的需求，就不会反感他，反而对人性充满了慈悲之意。

一个男人，如果他生活得垂头丧气，你得看看，他的事业是否遇到了挫折，运气欠缺，总是心想事不成？他和爱人的交流是否很柴米油盐，没有走心的沟通？他的朋友是否也不多，很难有心灵知己？内心比较脆弱，情感颇显压抑，情绪无处抒发，理想和现实都很骨感，偏偏对生活还不认命，还有期待，那么，没有持续的鼓励和支持，就很难让心灵积极阳光起来。

一个女人，任凭年轻时如何花容月貌，生活悠然，一旦走入婚姻，面对生活的鸡毛蒜皮，孩子的淘气调皮，加上工作对女人从不会网开一面，只会毫不留情地张牙舞爪，和爱人的感情犹如火车驶入一马平川，放眼望去一览无余，没有新意；如果男人还情商低下，无法相敬如宾，则更是雪上加霜。如果女人不会觉察，没有自知，也未曾通过学习改变自己，就很容易陷入工作、生活的陷阱而烦躁、焦虑、愁闷，一筹莫展、一地鸡毛。

价值缺失、前路迷茫、情感淡漠、资源贫乏，还能让人生活得如鱼得水、喜乐幸福吗？

这样的例子可以枚举很多。如果从生命能量系统上去考量，通过觉察，我们会有所觉悟、有所行动，从而活得清醒、从容一些。

我们有个初中同学群，二三十个人，从青春年少至人到中年，从书生意气到不惑之心，近三十年，我们一直在一起。平时，大家努力工作，用心生活，群里定期聚餐，谈人生，说梦想；群主动辄购买音乐会的票，让大家欣赏演出，丰富精神生活；有什么喜事，大家一起祝贺，增添能量；有什么沮丧事，互相给予安慰和帮助。一把年纪，大家依然活得恣意自在。

在这个群里，从字里行间，从所言所行，能够看到价值系统之付出、目标、赞美、尊严，情感系统之友情、真心、看见、关注，求助系统之帮扶、支持、鼓励、资源。

难怪有人开玩笑说，在我们这个团体中，很难有人抑郁，这就是生命的能量。

回到上一篇中朋友的状态不太好的女儿，怎么办？

——让她知道，爸爸妈妈，永远爱她！有问题，有困难，爸爸妈妈都是求助系统。

——关注孩子的交友情况，青春期孩子必须有朋友，此时最重要的他人是朋友，父母的角色定位也是做朋友。身边必须有合得来的朋友，这样情绪才有出口。孩子如果内向，不善表达，又敏感，朋友很少，想上进又力不从心，人会有无力感，状态就会不好。所以要想办法让孩子走出去，敞开心怀，和同学交往，获得友情的滋养。

——让孩子感受到父母无条件的爱。真诚地向孩子表达爱，让她感受到爱与支持。用肢体动作表达爱，比如微笑、拥抱、握手、拍肩等，用语言表达爱，可以直面告诉、写信、发微信等。一个被爱包围的女生，她的情感是富足的，她有安全感和归属感。

——如果家有二胎，一定要关注大孩子，特别是女孩子的心理状况。不要忽视她，要用行动让她坚定地相信，在父母心中，她是独一无二的。父母对她的爱，从来不会少半分。

——只要她在努力，就要肯定她，鼓励她，暂时落后，就一起寻找资源，想办法。让她知道，父母永远信任她，和她站在一起，办法总比困难多。

——不要只和孩子聊成绩，不要过分苛求孩子的分数。每个孩子的学习力是不一样的，要客观地评价孩子。没有不要进步的孩子，有时，负重50斤的孩子是真的很难再扛30斤的。如果能平和看待孩子的接受力，就不会无故否定她的学习态度，就会在学习方法上和她一起谋划，就会放下焦虑，慈悲地看到孩子的无助，欣喜孩子的坚持和小步子迈进，真正坦然去接受孩子总是不漂亮的分数。

——多陪陪孩子，陪伴是最长情的告白。爱与陪伴是抗抑郁的有效药。可以陪孩子走走路，聊聊天，听听她的心里话。告诉她，你永远是好样的，在爸爸妈妈心中是最棒的。成绩不是你，你不等同于成绩，你的单纯善良，你的好人品才是无价的，不断给孩子强化积极的自我概念。

所以，鼓励和肯定，是孩子生命中的阳光雨露；一个会鼓励的父母、老师，就是孩子生命中的贵人。

你愿意给孩子自由吗

前几日，快放寒假了，已经听到家长在说，假期里要给孩子好好安排，时间上要有安排，学习内容上要有安排，否则孩子很容易浪费时间，虚度假期。

合理规划，引导孩子做好时间管理，确实是一项非常重要的功课。

但能不能不要只顾到学习，也还有更丰富的自我实现的活动？

比如接触大自然的活动、体验社会生活的活动、参加公益的活动、促进同伴交往的活动等。

童年是人生的美好时光，可是它特别短暂。丰富的活动、快乐的生活应该是童年的主旋律，这都将成为以后的生命财富。

特别感激我们那个孩提时代，虽然贫穷，但没有太多的限制和欲望，父母们也没有过多的焦虑，我们的生活就相对更自主和自由。

我也特别感激我的父母，心似乎很大，对我的学习有要求，但思想上、时间上控制得很少，基本是不管的。所以，我从小就能享受到自由的甜头。现在忆来，这真是生命中极有力量的一件事。

小学时的寒假，我们基本天天晚上聚在村里一个有宽敞客厅的小伙伴家里，开联欢会。我会总体策划，大家用AA的形式，每人凑出一元或五角，去买来奖品，不外乎笔啊、零食啊，主持人也基本由我担任，后来大家慢慢看熟了，我也会叫几个胆子大的轮流来主持。每个人表演节目，唱歌啊，讲故事啊，说快板啊，念儿歌啊。联欢会结束，我们就评出一二三等奖，郑重其事颁发奖品。这一点我顾全大局，处事公平，知道自己唱歌不是强项，从没以权谋私给自己评过好名次，也难怪自己从小在集体中就颇有威信。

平时有空时，我们就在收音机里听歌曲，抄在本子上，偷偷自学。《走过咖啡屋》《掌声响起来》《我的中国心》分别是我们不同小伙伴的成名曲。也难怪有几个伙伴在初中高中时就成了班里的小歌星，似乎也得利于小时候这样的日日自主锻炼吧！

当然，在不经意中，我也成了自己的贵人，活动中的策划、安排、协调、沟通能力，是作为童年娱乐活动的副产品被自我成就，为以后做班干部、做学校干部、带优秀团队做了"无心插柳"的铺垫。

暑假里呢，在那没空调、没电扇，只靠几把草扇子驱暑的年代，窝在家里又太热了。于是呼朋引伴，天天晚上在村口的灯光球场上和小伙伴玩趣味跑步游戏，比如"打三板"等，玩得满头大汗，玩到三更半夜，进家门也没人来说的。

小时候，我身体特别好，很少生病；怀孕时工作繁重，却没提前请半天假，一直工作到产前；月子还没坐两个月，又代表学校参加比赛去了；年轻时，工作特别能吃苦，深更半夜是常事，却还撑得住。这些，都是小时候自由玩耍、身心放飞后的红利。

那时的童年，简单快乐又自由。

于是，当你享受过自由，你就愿意把自由给别人。

对于爱人，我也管得很少，包括金钱、时间、爱好等，大方向把握好，细节上不过多强求。

对于女儿也是，小时候培养好习惯，后来基本管的是三观、信念、目标这些方向性的问题，对应该是她自己干的事我操心得不多。

比如要学什么兴趣，都是她自己考虑后定夺的；要去实践活动了，要去游玩了，箱子什么的都是自己收拾的；要去读大学了，生活用品、必备用具都是她自己一点点儿采购的；要买什么衣服，从小是她自己决定的；假期里的时间，基本是她自己安排的；学习上需要什么资源，哪怕我们想帮忙，也是征求她的意见，让她自主选择的；日后的发展方向她自己定的，大学志愿她自己填的。

孩子是渴求心灵自由、生命舒展的。

做父母的，能勇敢地给出自由，让孩子去实现生命的自主权，也需要有一颗无畏的心。

期末孩子更需要什么（一）

你是不是发现，越到期末复习，孩子行为的偏差会更多？

比如，大家忙着在复习，有调皮的孩子居然拿出魔方玩，下课也展示自己的玩魔方本领。

比如，有的孩子平时也爱吵，一到复习时光，整天考卷陪伴，他仿佛更爱吵爱闹了，有时甚至大张旗鼓地谈天说地，生怕所有的同学没听到。

比如，进入考前紧张的复习，有些该停的课也停了，有几个孩子会对自己有特长的几门课暂停特别有意见。

比如，平时能吃得住批评的孩子，期末时，仿佛特别容易急躁，老师、家长如果人前批评几句，就特别承受不了。

比如，马上要考试了，六年级女孩子居然在穿衣打扮上突然热衷起来，还偷偷折腾头发，甚至还传起情书。

比如，面临紧张的学习，孩子放假回到家完全没有复习状态，忙着看电视，上网打游戏，上 QQ 和同学聊得不亦乐乎。

我们老师、家长会理解为孩子不认真，态度不端正，学习不够上进。

一个行为不当的孩子，往往是一个丧失自信的孩子。

这样的孩子，成绩往往不够理想，信心不足，不知道怎样去追赶，去一鸣惊人。但他又还没到失去希望的地步，他就想方设法整出点存在感来，以博得同学老师的关注和欣赏。

不当行为、不良情绪背后是需求，孩子的需求是什么？想被老师看见，想被大家关注，想让自尊心得到抚慰，想在群体里被尊重，想得到能量，想看到希望。

生命需要能量，能量系统里有价值系统、情感系统、求助系统。

期末孩子更需要什么，我们就从这三个系统去分析。

我想有点儿价值感

同伴价值感、同性价值感、异性价值感——每个孩子体验价值的途径有这几个。

同伴价值，就是孩子在班级里的成绩、综合表现。成绩不好的，往往同伴价值感低下，在班级里没有发言权，存在感薄弱。除非他其他方面很有特长，比如打篮球、吹乐器之类，仍可在多样的活动中为自己争得一席之地。

所以，一个心底里想改变现状的孩子，就想追求同性价值感，男孩打架比力量，女孩打扮比外貌，都是青春期寻求价值感的方式。然后还有可能去提早追求异性价值感，比如，青春期前期的五六年级，早早想递情书了。

有男生会自豪地想：瞧，虽然我成绩不好，不受师长同学待见，表扬没我的份，还经常说我拖后腿，但我有女生接受我的好感，愿意和我一起进进出出，有些成绩名列前茅的书呆子羡慕我都来不及呢！

难怪，一个好朋友的非常优秀的女儿六年级时，一日回来，十分夸张地说到班级里一个成绩很不好的女生，居然收到了好几封情书，语气里满是酸溜溜的，貌似非常不服气呢。

但很明显，那个收到几封情书的成绩后进的女生，一定是满脸骄傲地告知同学们的，生怕大家有所不知啊。这时候，换谁也绝对不愿意锦衣夜行的，何况是同伴价值感低下的女孩子。

所以，你看我们小时候，成绩不好的女同学，早早恋爱，早早嫁人，还是有道理的。每个人，都想让自己活得看起来有点儿价值。

怎么做

这时候，面临期末，孩子在铺天盖地的试卷面前，在动辄六七十分的分数面前，心虚失落得抬不起头时，为避免孩子们的价值系统崩溃，师长应该怎么做让他们能量满满呢？

比如，不让孩子当看客，让每个孩子有参与复习整理或分析试卷的机会；设置 AB 档次的题型，因人而异，让每个孩子都可以跳一跳摘到桃子；让每个孩子都有帮助别人的机会，在赠人玫瑰中，孩子会找到被别人需要的成就感；期末也依然要有活动穿插，让每个孩子的优点都能展示出来；引导孩子和自己的昨天比较，态度也好，成绩也好，稍有进步就给予鼓励，让孩子有信心战胜自我，小步子迈进……

总之，你的眼睛里要看见每一个孩子，并为提升孩子的信心做出巧妙的努力。

对孩子来说，其实大人也一样，只有感觉良好，才能正确思考。感到自己有用，才会有好的感觉，觉得难受痛苦，学习会有高效率吗？

期末孩子更需要什么（二）

我想有情感支持

情感支持，指的是来自父母、老师、朋友、同学们的情感，泛指父爱、母爱、师爱、友谊、爱情等。被身边重要的人看见、理解、信任、支持，是一种莫大的幸福。

越在无助、失落时，孩子特别想感受到爱，无条件的真爱是最好的心灵慰藉，哪怕只是一个关切的眼神，一句"孩子你加油"，或一个无声的拥抱，都让身受失败煎熬的孩子感动不已。

不信，如果你每天都去摸摸那位后进生的头，拍拍他的肩，而不是嫌弃地看着他，他一定会接收到你传递的鼓励和信任的能量，而变得感觉良好起来，或许也会提醒自己要为得到老师的好感而听得认真一点儿。

不信，如果你能及时关注到情绪低落、能量不足的孩子，腾出时间来个别谈心，倾听他们的心声，扫清他们的负面情绪，也许他们的学习状态就会好起来。

不信，如果你不是动不动给他们成绩排名，呵斥他们的不努力，而是呵护到他们的尊严，不断鼓励，不断打气，不断严格要求行为习惯，正面管教，有礼有节，但不责骂，不恐吓。

一个尊严被保护到、情感被支持到的孩子，复习的状态应该会好一点儿。

我能求助

有困难的时候，有身边的人无条件可以帮助到，孩子的求助系统是畅通的，他的信心也会更足。

那些走绝路的大人孩子，价值系统出了问题，感觉活着没成就感，也感觉没人爱自己，放眼望去，也没人真正理解自己，心事没人可说，困难没人可帮。如此，情感系统、求助系统都属于崩溃的，人就觉得活着没意思了。

期末复习时，有很多孩子是有困难的，是需要帮助的。这时候的帮助，无论对于学业还是对于孩子的心理，都是及时雨。

要看到孩子的成绩落后，不仅仅是不认真，态度不端正，可能是有多种原因的。

有的是懒惰，靠小聪明学习，就要正视他的品行，严格要求，看见他踏实用功的点滴，来放大和强化。

有的是持续失败，没奔头，灰心了，就要拾起他的信心，不断鼓励他，让大家都看到他的努力和细微进步。

有的是作业不会做，障碍太多，那就需要慢慢补上去，一点点夯实基础，教师可以协同家长，也可以发挥班内传帮带的力量。

有的低年级孩子是太粗心，题目总是看错、抄错，那就实打实教方法，比如多读几遍，用手指一指等，光告诉没有用，要多次示范加练习。

有的是上课注意力不集中，三心二意效率差，那就协同家长多营造安静环境，有意进行注意力训练，课堂上动静搭配，读写结合，适时穿插学习游戏活动等。

有的是毅力不够，三分钟热度，坚持不了；有的是进取心不足，得过且过混日子；有的是无所谓，死猪不怕开水烫。如何提升孩子的内在能量，调动孩子的自尊自爱意识，享受到成功的满足感，并将这种力量用各种外在手段强化和持续，最终让孩子有内在的责任感和自我教育的能力，这都是老师和家长要思考的问题，也是可以真正去帮到孩子，让孩子更健康阳光地成长。

另外，老师、家长和孩子沟通时，要说事实而非评价，不要动辄埋怨：你怎么又考砸了？你怎么总是不努力学习呢？你能不能要好一点儿？用非暴力沟通去化解孩子的戒备心，拉近与孩子的距离。

如果不得不批评，建议有时用 ABA 模式，也即三明治模式，先说好的，夹几句不好的，再说好的，也就是可以先表扬，再批评，再来几句表扬，让人感觉舒服一些。

师长都提升了共情能力，学会换位思考，理解孩子的感受，就会对孩子特别是后进的孩子多一份慈悲。

每个人，内心最深切的需求，就是被人看见和尊重，能实现自我。

但愿我们能成就自己，也成就孩子。

辑二　问题诊断

　　今天做家长，如果说每一个家长都有个性的困惑，那么，有些问题则具有普遍性。一起关注幼小衔接、一年级的分离焦虑、孩子专注力的培养、孩子习惯的奠基、良好亲子关系的打造等问题。

幼小衔接，家长怎么做

孩子要读小学了，家长是既兴奋又担心。兴奋的是对孩子未来学习生活有一份憧憬和期盼；担心的是孩子能不能适应小学生活，幼小衔接到底要做哪些准备？

我根据家长普遍的困惑来说说幼小衔接，家长可以做什么。

困惑一：我的孩子说起上小学觉得很害怕，要他学点儿东西，他说我不想上小学，怎么办？

这里就涉及提前了解和心理准备。

提前了解。幼儿园以玩中学为主，小学更多的是转向文化课学习，一天有六节课，还有早自习，海小还有晚自习，主要用来做作业、阅读、听英语等。小学里会需要更早起床，更早到校，午睡时间缩短，除去夏季时间，即十月到次年四月，是没有午睡的。同时，也没有课间餐。学习时长，一节课35分钟，要坐得住，还需要做口头和书面作业。这是小学和幼儿园的一些区别。

心理准备。最难教的学生不是那些学前期知识准备不足的孩子，而是没有学习兴趣和愿望的孩子。父母可向孩子讲述自己童年在小学的趣事；可以让孩子接触身边阳光正面的小学生，了解小学上课、作业、考试等情况。家长要多与孩子进行交流，向孩子表示祝贺。"恭喜孩子，马上就要成为一名光荣的小学生了！""读了小学，学知识，长本领，我家孩子会越来越聪明的。"激发孩子由衷的向往和自豪之情。

当然，不要把家长的担心和焦虑转嫁到孩子身上。家长保持好的情绪，真心地祝福孩子能快乐进小学，这份心意孩子一定能感受得到。注意，担心是诅咒，相信才是祝福。

困惑二：如何做好小学知识的衔接？

家长一般都会关心孩子知识学习跟不跟得上，这是现实。

一年级老师认为适当可以衔接一下，但不必弄得很深，以防孩子进一年级后注意力不集中，讨厌学习，我们更提倡生活化学习。

比如数学，也不是要做多少算术题，要注重随生活学习。

如，吃饭时，让孩子数数今天几碗菜，几个人？每人一双筷子，要几双有几根？买了水果，数一数有几个，一家三口怎么分？数与物有一一对应关系。慢慢的孩子生活经验就会很足，感知觉发展会比较好。

识字，也可以生活化。上街时，看到很多商店，店名可以认一认；去超市时，可以一起找商品，认认字；东西买回家，让孩子认认盒子上的字。

因为一年级要写字，孩子的手指灵活要多练练，多干活，多做手指操，促进小肌肉群发展。

这些是我们就事论事讲知识的准备，其实真正拉开差距的，并不是知识，而是智能和习惯。这里说智能准备，就是学习力的准备。

第一，思考——父母要多引导孩子动脑筋。可以经常陪孩子做小实验，玩一些益智的亲子游戏，走走迷宫等。遇事一起想想办法，遇到困难动脑筋，培养孩子解决问题的能力。如妈妈戴个发夹，后面看不见，让孩子一起想办法，孩子把一面小镜子放在妈妈后面，妈妈从前面的穿衣镜就看见了；新买凳子的几条腿会把地板擦出痕迹，让孩子一起想想怎么办，孩子会说贴上泡沫，会说绑上布条等。这些都是日常引导孩子动脑筋。

第二，阅读——家长要合理设置图书角，配备一定数量适合孩子看的图书。每个月定期为孩子买几本书，但没看完不买新的。平时多交流书上的故事，以提高孩子阅读的兴趣。

第三，聆听——经常让孩子听听录音、听听广播，多听故事，听得多，语言就会积累得多，语感就比较好，在表达时就有了丰富的素材与较强的组织能力。另外，大人与孩子说话时，不要啰唆反复地说，要给孩子好的语言示范。

第四，表达——在入学前，给孩子多创造机会表达。比如，对故事的听、看、讲述、讨论等，增强孩子的理解能力；通过日常生活中的相关话题讨论、看图讲述、情景表演、木偶剧、小话剧等，使幼儿之间、亲子之间有交往、讨论、合作的机会，激发说话的勇气、兴趣，增强孩子口语表达的自信心，提高其表达能力。家长还应创造机会让孩子多讲讲学校里的趣事，出外游玩多说说见闻，如春天到了，说说我们看到的春天的美景等。让孩子对学习充满信心，做好小学和未来学习的智能准备。

困惑三：一年级老师最喜欢和最头疼怎样的孩子？

访谈一年级老师

1. 老师最欣喜的是孩子有哪些表现

非非老师：上课专注力强、学习态度认真、作业整洁。集体生活中自律性强、行为文明、语言表达能力强。

青迪老师：自信阳光、见人问好、讲卫生、敢于表达。

建芬老师：与人相处上，讲文明懂礼貌，能主动问好，懂得照顾自己，同学间能互帮互助，不斤斤计较；有良好的卫生习惯，饭前便后洗手，能整理自己的学习、生活用品，不乱丢垃圾。

2. 老师最苦恼孩子哪些习惯和行为

玉婷老师：比较苦恼的是孩子上课的时候沉浸在自己的世界里，没有好的听课习惯；不会与其他小朋友和谐相处，以自我为中心。

芬兰老师：最苦恼孩子不讲卫生，动手打人，不听别人说完话，懒惰，不守信。

建芬老师：学生缺乏自制力，上课各种小动作，持续专注度低；缺乏安全意识，以自我为中心，爱打闹，爱告状。

青迪老师：胆小、不爱说话、不合时宜地大声说话、有想法不敢表达、不够独立。

叶琼老师：最苦恼的是喜欢乱拿别人东西的孩子，指的是偷拿的那种，还有喜欢动手，喜欢经常发脾气的。

张劼老师：爱撒谎，不肯承认自己的错误，爱拿别人的东西；没有纪律观念，上课不专心，爱随便插话，爱搞小动作；没有安全意识，课间追逐打闹，在地上摸爬滚打；生活自理能力欠缺，爱挑食，易生病。

困惑四：孩子很好动，到小学坐不住、学不好怎么办？

这里涉及几个准备。

1. 环境准备

良好的家庭学习环境。孩子最好早早有独立的四个"一"——即一间书房或安静的角落、一张书桌、一盏台灯、一个书架。在独立的空间里，让孩子学会自主地静心地做一些手工，看看书，画画等。家里减少电视、手机、娱乐活动等对孩子的干扰。

良好的家庭氛围。夫妻和睦，全家情绪平静，其乐融融，孩子能安心，不用担心父母会不会吵架闹不团结而分心。父母也能自觉学习，孩子就学有榜样。

2. 规则准备

家庭生活的规则、学校学习生活的规则、为人处事的规则、安全的规则等，都要及早告知孩子，让孩子能很好地融入社会生活。

现在不少家庭，对孩子有过多的自由而忽视必要的规训，规训的缺失会影响孩子的安全与社会合作。父母有责任让孩子知道在不同的生活情境中，应当遵守的规则界限是什么，什么是允许的，什么是不允许的，都要及早渗透。规则的引导首先要从家规的建立开始，在家里要有为人处事的规矩。如对老人的尊敬，对家人的尊重与礼貌，做事负责任等，比如玩过玩具要收拾整齐，自己的事要认真做好，这是负责任的表现。

3. 习惯准备

良好的生活习惯。有规律的生活，早睡早起，遵守作息规定，保证充足睡眠，遵守幼儿园常规，物品放置顺序化、固定化，用完即收回原处等。

良好的学习习惯。如按时完成作业，不拖拉；专心做作业，不磨蹭；作业本保持整洁，不乱涂、乱撕。上课做到专心与认真，注意倾听老师讲解和同伴发言，爱护书籍与文具，正确的阅读与书写习惯等。

在学习习惯中，特别需要提到"专注力与坚持性"的准备。

上小学后，孩子要上课和完成作业，在很大程度上依靠较强的专注力与坚持性。没有意志力的孩子干什么事都没有长性，常常半途而废；或者控制不住自己，易走神分心。一般大班孩子注意的保持时间为8至10分钟，家长可以有意识地延长孩子的活动时间，从孩子最感兴趣的活动并陪着玩入手，逐步提高时间要求，直到孩子参与一个活动二十五分钟左右不觉疲劳。比如画画、手工、下棋等，尽量不要用语言过多去干扰孩子，专注地玩以后方能专注地学习。

培养坚强的意志品质，从小到大，从易到难，从低到高地磨炼孩子。比如有的孩子睡觉前爱吃零食，或者晚上不愿意刷牙，那么就从这些小事做起，先坚持一周，再坚持一个月，以至养成睡前不吃零食、自觉刷牙的好习惯；孩子在家看小人书，从头到尾看完一本后才能再换一本；画图时也要有始有终，不能半途而废，鼓励孩子一心一意把事情干完干好。

另外，特别提醒几点。

对待好动而注意力很难集中的孩子，说话要轻声而有力，尽量不要大声吼。大声吼，孩子更难集中注意力。

在评价中尽量不要出现"好动"这个词。不要给好动的孩子贴标签，不要负强化。

延时满足。不要每次孩子一提要求就急巴巴满足他，要他学会等待，这样的孩子更有耐心。

有些方法，可以进行专门训练。比如，舒尔特方格，5乘以5的方格内，随意写下1—25个数学，让孩子按顺序点出来，训练注意的广度。优秀的只用18秒，平均水平是24秒。还有快闪训练、左右扫视训练、盯黑点看的训练，都是对注意力的训练。

多练习精细动作，穿针线、拣豆子、走迷宫、练心算、装沙入细瓶、听音敲击、找字分类等，都是培养专注力的。家长要有耐心在家里也不断给孩子训练。

远离电子产品，多阅读纸质书籍，提升有意注意。在这点上，家长也要以身作则，孩子在场时，尽量少用或不用手机，少看或不看电视，不打游戏，给孩子做好榜样。如果可能，家长也能捧起书，锻炼静心，成长自己。

困惑五：自理能力需要准备到什么程度？

必需的生活技能——如看天气穿衣服、穿脱衣服、系鞋带、自己吃饭、洗头、洗澡、自理大小便、会用钥匙开门、倒开水、整理书包、收拾课桌、打扫地面、遇到困难会寻求帮助等。特别是让孩子知道课间要先大小便，做好课前准备再玩。

生活作息时间要调整——在入学前的暑假期间，就可以试着让孩子执行上小学时的作息制度，作为一个准备和过渡。

自我管理能力的训练——可在家中为孩子创设一方能供他自己管理学习与生活的小天地，凡孩子应该自己去做的事让他自己去做，家长不要包办代替。也可以让孩子照顾一盆花，摆放碗筷，擦桌扫地等，既是劳动能力的锻炼，也是责任心的培养。

困惑六：孩子和同学相处不好怎么办？

现在的孩子，几个大人呵护着，又特别有个性，往往比较以自我为中心，在集体生活中难免会碰壁，如同学吵架呀，同学不爱和自己玩呀，这会影响到孩子在校生活的质量。没朋友的孩子他是不快乐的，这甚至影响他一生的幸福。青春期，重要他人变成朋友，如果交友有问题，或没有朋友，学习、生活甚至心理都容易出问题。交友能力要从小培养，这需要父母心中有数。

交友能力准备：有自信、会主动、不任性、会关心、懂谦让、能助人、会分享等。关于分享，如分享游戏、分享事情、分享美食等。

快快乐乐、大大方方、乐于助人的孩子一般都比较受欢迎。

"今天你和谁玩了？""你交了几个好朋友？""今天你帮同学做了什么事？"每天家长这些问话，都是有意识的交友引领。

困惑七：在家教育孩子，孩子不耐烦怎么办？

这就涉及一个教育心态和教育方法的问题。

1. 不要急于求成

对孩子要有合理的评估，望子成龙的心大家都有，不要太好高骛远。

2. 采用儿童化的方法

要用孩子喜欢的、适合孩子年龄特点的方法，家长要有童心，能蹲下来看孩子，比如扮角色呀，一起比赛呀，做做展示呀，要玩中学。

如亲子一起玩"舒尔特方格"游戏，还可以比一比；读拼音认字，父母故意读错，引得孩子来当小老师，孩子就感觉很有成就感。不要直接喝斥，这样孩子容易讨厌学习。

3. 有含金量地和孩子交谈

小疑则小进，大疑则大进。家长要珍惜孩子的好奇心，会智慧地引导，不断激发孩子思考的兴趣。如下面的对话，妈妈就做得比较好。

孩子：树是怎么长出来的？

妈妈：还记得我们上次种绿豆芽吗？（不直接给答案说"是种子发芽长出来的"。）

孩子想起种豆芽的事：记得。

妈妈：你看，绿豆能发芽，发出芽来还会长出叶子，大树是不是也有叶子？

孩子：是的，大树也是绿豆发芽长出来的吗？

妈妈：不是。绿豆是种子，种子能发芽。昨天你吃苹果是不是看到了苹果籽呀？

孩子：是的，苹果籽也能发芽吗？

妈妈：对啦，苹果籽也是种子，发芽长出来的就是苹果树。不同植物，种子也不同哦。

孩子：那大树是什么种子发芽的呢？

妈妈：那就看是什么树了。

……

4. 多鼓励孩子

"孩子，没关系，一点点进步，你已经超越昨天了。有困难，我们一起想办法。"

"孩子，你不管怎样，爸爸妈妈永远爱你。"

"哇，孩子，真棒，自己能把这个故事完整讲出来了。"

"外公外婆来做客了，看看你家小外甥吧，画画多专心啊，画的画都在墙壁上贴着，欣赏欣赏吧。"

这时候，孩子多么快乐和自豪，觉得学本领好有价值感，觉得父母理解、接纳、肯定、鼓励自己，无条件地爱自己，支持自己，内心里能量满满的，动力足足的。

愿我们都能成为善于鼓励孩子而不是动不动就打击孩子的父母。

5. 言传身教，以身作则

做家长确实是很辛苦的。特别是和孩子一起时，你就必须有教育者的清醒，要很克制，要严于律己，行为上要控制，内心情绪要克制。

您是上游，孩子是下游，上游被污染，下游干净不了；您是原件，孩子是复印件，原件有差错，复印件也正确不了；您是榜样，孩子是模仿者。您对自己的行为负责，孩子才能得到好的样品。

如果人生是一座大厦，一年级是第一层楼，我们的地基，并不是只为第一层楼服务，而是为整个人生大厦准备的。

一年级亲子分离的焦虑怎么解

第一大周，同事跟我说，她朋友的孩子读一年级北大走读班，天天哭，妈妈不知所措，生怕孩子有什么心理问题。

上课时，我特别留了心，这是一个长得漂漂亮亮、清清爽爽的小女孩。上课看起来比较内向，不爱举手，但听得还算认真。下课时，我故意跟她聊了两句，她说很多小朋友都不认识，不想去玩，就坐在凳子上整理物品。

我打听了一下，原来妈妈就在附近工作，中午来接孩子，回家吃饭、午睡，下午再送过来。早上送来，孩子哭；下午送来，孩子哭。

我回办公室，翻阅了家长开学时填的信息表，了解到这位小Y同学家庭教育的一些信息，比如，从小由母亲带，母女比较亲密。父亲在外地工作，父母的脾气都不太好，控制能力较差，小Y同学有点儿慢热，也有点儿娇气。

虽然我没见过她的妈妈，但可以推测一下，这位妈妈，因为工作相对清闲，丈夫也不在身边，或许夫妻交流也不是很多，妈妈把主要精力基本上花在孩子身上。现在孩子上小学了，因为慢热，可能一下子难以融入集体中，会有点儿焦虑。心疼孩子的妈妈更焦虑，一面担心孩子适应不了，一面又放心不下孩子，早上送，中午接，下午送，晚上接，让孩子一次次接受分离，情绪总是起起伏伏，就更难慢慢地平静地安心地和小朋友去打成一片了。

针对这种情况，我和同事大致分析了一下，我们的意见是家长要忍痛割爱，学会狠心放手，中午不要来接，在家也不要负向引导，比如，今天哭没哭啊这些话，要支持老师的教育，更要不断鼓励孩子大胆去适应，去交朋友，去慢慢喜欢上小学的生活。

晚上，聪明能干的同事和孩子的妈妈好好交流了颇长时间，其实是做了一番家长的疏导工作。

她劝告家长，一定要放手，不要心软，孩子之所以还这样，是因为她非常敏锐地捕捉到了家人的不舍和心软。这不是为孩子好，反而是害她，害她错过了与新的同伴快速打成一片的机会，害她错过学习与新环境、新老师、新朋友如何相处的机会。

家长要温柔地坚持，明确告诉孩子：我们每一个人都有自己的事情要做。爸爸妈妈要上班，老师要上课，班级的小朋友要上学，孩子你也要上学。这是每个人的职责，必须要做，不能逃避。

万一孩子跑到家长那里，也必须第一时间送回教室，不可以让她觉得跑过去就可以留在家人那里了，这非常重要。但妈妈每天早上可以和孩子约定一下，今天乖乖上学一天可以实现一个小愿望，比如买个小玩偶、小零食什么的，早上就约定好，晚上接孩子时带给她，言而有信。

每天早上送到学校后，家人要温柔地、坚定地和她说再见，不要因为她哭又回来看她。晚上接她时还可以和她聊一聊：妈妈想和你分享一下今天上班的趣事，然后问问孩子：今天你有什么开心的事情、好玩的事情想和妈妈分享？还可以把每天开心的事情贴在墙上，量化出来，以墙上一天天增长的小贴纸（也可以画五角星，或其他方式），让孩子直观地感受到上学和成长的成就感！

于是，第二天起，妈妈真的无奈地狠心起来，听从同事的意见行事，没想到，两三天后，孩子的状态好多了。这几天我去上课，已经看到小 Y 同学露出可爱的笑容，大胆回答问题了。

今天听到一名一年级班主任说道，第一大周，班上小 K 同学还好好的，情绪克制得不错，集体生活适应得也可以。可是大周放假回来，却不行了，哭着不肯吃饭了，情绪非常失落。

一了解，原来妈妈是全职太太，在家没事干，整天对着手机看教室直播。放假时还对孩子说，如果适应不了，妈妈就到学校附近租房照顾。

这不是拖后腿行为吗？孩子为了妈妈能过来，有意识无意识都得做出适应不了的样子啊。

到底谁更离不开谁呢？是孩子离不开父母吗？未必。有时，更难断奶的却是家长。亲子分离，更焦虑的可能就是父母。

分离总会有阵痛，特别是对于上幼儿园或上小学一年级的孩子，独立性差，主动性不强，面对陌生的环境、陌生的人，难免感到紧张焦虑恐惧。可是又有哪个孩子会挺不过去吗？良好引导，给予时间，耐心等待，一定会守得云开见月明。

可是，不少父母却以为天塌下来了，心疼、内疚、焦虑，手足无措，在孩子前行的路上，不经意做了绊脚石；在孩子想张开翅膀试飞时，父母却不自禁拖住了孩子的翅膀。

那么，对老师来说，是赶紧引导孩子在班里认识和结交新朋友，用良好的班风去吸引学生。大周回校，部分孩子有点儿情绪也是正常的，老师多组织一下小组活动，搞搞游戏，让孩子尽快在集体中找到欢乐，就没那么想家想妈妈了。

对聪明的家长来说，首先能认识到，这样的情绪是正常的，孩子适应总有个过程，不可能一蹴而就。在家里不要负面引导，什么在学校里哭没哭啊，小朋友有没有欺负你啊，老师凶不凶啊，学校的饭菜是不是吃不下啊，要让孩子多说说学校里认识的新朋友，学的新本领，经历的开心事情。

孩子回家不要补偿式的宠溺孩子，也要与学校里的基本节奏或氛围保持相似。家里衣来伸手，饭来张口，被家长含在嘴里怕化了，捧在手里怕摔了，孩子谁还能快速稳定情绪在学校里专心读书？起码在家长面前，他觉得可以恃宠生娇，就会夸大一些在校的困难和挫折。而家长一心疼焦虑就会传递负能量。所以，聪明的家长在家里应以正能量地交流和鼓励为主，温柔而坚定地支持到孩子的成长。

当然，家长也要及时反省和呵护自己的情绪，并关注到从小带孩子的老人的状态，断奶总会有些痛苦，赶紧找点有意义的事来转移注意力。相信自己，一定会挺过去。

孩子的成长，很多时候，家长必须及时放手，学会目送。

如何培养孩子的专注力（原因篇）

期末了，忙着认真复习的小吴老师看到我出现在她班的门口，拉住我一起聊孩子的状态。

"小周、小郦两个同学识字量很大，但很好动，上课很容易分心，这会是为什么？"

我看这两位同学平时也是正常的，不算多动，但相对比较浮躁一点儿是确实的。

我猜测，会不会平时做事时，来自父母、祖辈的干扰比较多？课外学的东西太多，容易三心二意的？家里可供选择的东西太丰富，分心了？父母要求比较高，给他们带来了焦虑和烦躁？家里学习环境是否一贯有点儿嘈杂？孩子的个性是否从小是偏活泼型的？爱不爱玩电脑、手机？家里人宠不宠？

我建议小吴老师和家长沟通，了解一些情况，并让家长也一起有意识地来关注和培养注意力。

第二天，小吴老师碰到我说，和家长聊过了，有几项都能对上号。我们争取一起努力。

其实经常有老师，特别是低年级的老师表达困惑，说是现在的孩子越来越难管，注意力特别容易分散，上课说话、小动作现象多，课堂效率的提高让老师很费神。

这究竟是为什么？让我们来简单分析一下原因。

（1）有些孩子的注意力缺陷多动障碍是先天引起的，是神经发育的障碍。当下的环境、饮食、压力，都让怀孕的妈妈承受了比以往更多的东西，先天有注意力缺陷的孩子比例也在增加。

（2）孩子过早接触电子产品，如电视、手机等。过分发展了无意注意，即无目的、无须努力的注意，而有意注意，即有目的、需要努力的注意，没有被很好的发展。电子产品的丰富多彩已提高了孩子注意力的域限值，一点点儿生动的东西，已吸引不了他们，更何况，学习上很多东西，随着年级的升高，已经越来越抽象和枯燥，需要付出很多的毅力和有意注意，孩子当然专注不起来了。就像吃惯肯德基、喝惯饮料的孩子，你让他再吃青菜、再喝白开水就没兴趣了。小时候，为了让他安分点儿，动不动就把手机丢给孩子，让他玩个小游戏、看个动画片安静一会儿，殊不知，家长已不知不觉中把孩子注意力的域限值调高了，小打小闹根本吸引不了他了。那上课四十分钟，学知识又没有动画片那么引人入胜，孩子怎么坐得住？

（3）孩子被娇生惯养了。现在的孩子基本在家是衣来伸手，饭来张口，他没有被训练过怎么对待挫折；被包办的事情太多，孩子没有做事的习惯，于是磨磨蹭蹭，三心二意，浪费时间；在几个大人的簇拥下，想要什么有什么，即时满足惯的孩子，不会等待，不会克制，专注力不够就很正常了。如果他从小就有意地被家长创造"延迟满足"，为了一份奖品，可以等待多日，在等待的时间里，他就要与自己的急躁、欲望做斗争，不断去克制、升华，如果长此训练，他就会变得更有耐力、更有克制力。

（4）孩子的气质类型不一样。按气质可以分为胆汁质、多血汁、黏液质、抑郁质四种类型，按现在的听课学习的方式来说，相对是后两种孩子更为专注一些，胆汁质孩子大胆冲动，容易在课堂上兴奋活跃；多血汁孩子活泼外向，容易好动。所以每个孩子不一样，不能用一个尺寸去评价。

（5）环境因素也不容忽视。家庭里整天进进出出的客人，或者电视一天放到晚，目之所及，玩具五花八门堆成山，零食一箱箱，你说孩子学习的注意力还能集中吗？可爱的长辈们再一天到晚嘘寒问暖干扰一下，比如过个十分钟问一句"要不要削个苹果给你？""肚子有没有饿？"孩子好不容易拉到书本上的注意力又四处乱跑了。

（6）不同的思维方式。有的孩子，他的思维是动作思维，必须动中思考。比如小蔡同学比较好动，坐在座位上脚不动手不动的时候是很少的，但他主要是不自知，你轻轻拍拍他的桌，他立马就坐端正了，但坚持不了三分钟，人又东倒西歪了，但你不能说他不认真，老师的问题他都记下了，反应也很灵敏，回答问题也常常很精彩。

　　（7）孩子心理上有焦虑。有的家长教育观念不正确，认为孩子不能输在起跑线上，逼着孩子学这学那，孩子没有过多的休闲娱乐时间，总是处于紧张状态；有的父母吵架、关系不好，让孩子感觉到不安全，有压力。如果孩子的交感神经一直活跃，处于应激状态，人就静不下来，很难心平气和、专注高效地学习。大人也是如此，当你感觉到心烦气躁时，很难集中精神一心一意工作、思考。

　　（8）其他原因。

如何培养孩子的专注力（策略篇）

难怪有人说，这个时代，最稀缺、最宝贵的资源就是注意力。

良好的专注力是有效学习的保障，其实专注力也是可以通过后天有意培养的，但需要家长和老师的智慧和耐心。

那家长、老师如何培养注意力容易分散、坐不住的孩子的专注力呢？让我们来寻找一下对策。

一是让环境静下来。

家里尽量少用电子产品，电视、平板电脑啊，家长的手机啊，也不要把亲朋好友的娱乐场所搬到家里来。学习和生活的环境要干净、整洁、有序、安静。

当孩子在自己房间里好不容易静下来学习、阅读时，不要在他耳边制造太多噪声，比如唠叨的话，比如太问长问短的话。不要去监督，大家各司其职，需要求助时家长再出现，相互信任，相安无事。

家长讲话也可以轻声点，不要太大声，或重复太多。孩子学习时，家里可以放点儿轻音乐。

二是让心静下来。

环境真的影响人，当环境静下来，人的心仿佛也会静下来。

远离电子产品，多阅读纸质书籍，提升有意注意。这点上，家长也要以身作则，孩子在场时，尽量少用或不用手机，少看或不看电视，不打游戏，给孩子做好榜样。如果可能，家长也能捧起书，锻炼静心，成长自己。

有家长说，自己朋友聚餐时，经常带着孩子。我建议这种场合还是少带，很嘈杂，也很浮躁。孩子以为大人的生活就是这样吃喝说笑，觥筹交错。学习毕竟是辛苦的，当享乐变成理所当然的孩子，你要他静下来安心学习，会变得很困难。

焦虑会让人心静不下来。有的孩子很敏感，自尊心也强，屡战屡败会让他自卑、难受、焦虑，加上来自家长、老师的期待和要求，压力会进一步增大。心神不宁、恐惧焦虑的孩子当然难以集中注意力学习。所以，合适表达期待，学会共情孩子，及时鼓励孩子，是我们家长可以努力做到的。

另外，静心冥想训练，也会让孩子提高专注力。这个我深有体会，上班的午后，人疲倦烦躁，很难集中精神做事，我就静静地坐在椅子上，听一段冥想音乐，跟随引导语进行深呼吸，用意念扫描身体。半小时过后，神清气爽，精神好了很多，专注力又回来了，又可以投入到思考中。好动的孩子可以试试，能让心平静下来。

三是让方法活起来。

专注力训练，有专门的方法，有些天生有注意力缺陷障碍的，会到相应的机构进行注意力训练。有些方法，也适合一般的孩子，而且训练也很方便，关键是持久。比如，舒尔特方格，5乘以5的方格内，随意写下1—25个数字，让孩子按顺序点出来，训练注意的广度。优秀的只用18秒，平均水平是24秒。还有快闪训练、左右扫视训练、盯黑点看的训练，都是对注意力的训练。当然，还有平时从细节入手的方法，如下。

（1）对待多动而注意力很难集中的孩子，说话要轻声而有力，尽量不要大声吼。大声吼，他更难集中注意力。只有轻轻的，他才会用力去听，才会有助于注意力的集中。

（2）不能多惩罚。因为好动不是他自己的选择，很多都是生理心理的原因，或者下意识的行为，因而需要不断地用赞赏和肯定来强化。稍有进步，就要表扬，可用代币奖励，学会等待，积少成多。

（3）可以有约定和承诺。老师（或家长）和孩子偷偷约定，上课开始动，老师就作为提醒捏一下孩子肩膀（或者其他方式），慢慢发展为自己捏，就是自己提醒，慢慢培养自律能力。

（4）给予合法的活动时间。让好动孩子擦黑板、发本子、拿教具、分发教材、排桌椅等。

（5）多练习精细动作。穿针线、拣豆子、走迷宫、练心算、装沙入细瓶、听音敲击、找字分类等，都是培养专注力的。家长要有耐心，在家里也不断给孩子训练。

（6）练毛笔字。写字是练习注意力的好方法，也是精细动作训练。注意力不集中，横平竖直就写不好，只有把心静下来，专注力才能慢慢培养起来。

（7）大课间、放学回家、放假时多让孩子消耗些体力。可以让孩子打打球、跳跳绳、跑跑步，把多余的能量送出去了，人就能安静下来。

（8）学校里课程安排、教学安排，或在家的学习必须动静交替、节奏明确，有系统、有条理，以保持学习的持续力。

（9）老师提升自己的教学设计能力和课堂教学能力是吸引好动学生的第一要素。

（10）在评价中尽量不要出现"好动"这个词。不要给好动的孩子贴标签，不要负强化，否则他越来越往好动的路上发展，对得起你们对他的裁定。

（11）正确看待孩子的动觉思维，包容和呵护他们。

（12）延时满足。不要每次孩子一提要求就急巴巴满足他。

（13）不要补太多的课。疲于奔命的孩子无法心平气和。

（14）培养孩子的规则意识。比如，吃饭时不说话，排队时守秩序等。自己能做的事自己做，自己在做的事坚持做。

（15）不要拿孩子和别人家的孩子比较。孩子会越比越焦躁，越没安全感。

我们多学习，多寻找，多试试，一定能找到更多有效的办法。

破茧成蝶，需要几周孵化；硕果累累，需要几月孕育；呱呱坠地，需要十月怀胎。

成长之道，教育之道，心灵之道，都是一样的。努力并静待，这需要耐心，需要智慧，更需要毅力。

如何培养孩子良好的习惯

有位科学家说，所谓教育，就是把教过的知识都忘光了之后留下来的那点东西。

有位教育家说，什么是教育，简单一句话，就是要养成良好的习惯！

确实，对教育来说很重要的有一点，就是培养孩子的良好习惯。因为一个人的好习惯就像在银行里存了一大笔款，它的利息将使人终生受益；一个人的坏习惯，就像欠了别人一笔高利贷，怎么还也还不清，将使人终生受害，甚至逼人走向歧途！

什么是习惯

习惯是通过长时间积累形成的思维模式和生活、学习、工作方式。

孩子习惯的内容

生活习惯。包括作息习惯、饮食习惯、卫生习惯、自我保护习惯等。

学习习惯。包括学校上课学习习惯、自主学习习惯、运动锻炼和娱乐习惯等。

社会性习惯。包括尊重他人的习惯、帮助别人的习惯、爱护环境的习惯、劳动的习惯、说文明话做文明事的习惯等。

其实还有思维的习惯，比如正面思考的习惯、辩证思考的习惯，我们也可以把它归到学习习惯里去。

影响孩子习惯养成的因素

1. 父母不良的行为习惯

古语云，上梁不正下梁歪，说的就是父母不好的榜样对孩子的影响。比如父母晚上总是熬夜看电视、玩游戏，孩子也会不喜欢早睡，也很难有睡前阅读的习惯。

比如社会习惯里，父母潜移默化的作用更大。家长不遵守交通规则，排队爱插队，孩子也会效仿；父母语言粗野，孩子也容易出口成脏；父母爱打骂孩子，孩子和同学相处时也容易有更多攻击性行为；家长若不重视卫生、公德教育，在孩子面前随窗、随地乱丢垃圾，孩子都看在眼里，也会形成习惯。

2. 对孩子教育失当

不良的教育方式会让孩子形成不良的习惯。如家长因错误的目标、错误的沟通方式、错误的认识问题的方式，导致对孩子的教育方向偏离；家长对孩子过度宠爱、没有规矩、为孩子的错误找借口、对孩子的行为问题熟视无睹等，都会使孩子的行为习惯出现偏差。

3. 社会环境影响

比如，有的孩子受不良朋友的影响，爱花钱，爱上网；有的孩子跟风追娱乐明星；居住的环境卫生脏乱差，孩子卫生习惯受影响。

古代孟母三迁的故事说的就是社会环境对孩子的影响。孟子家一开始住在坟地旁，小孟子耳濡目染，经常学着人家祭祀的样子，妈妈一看不行，决定把家搬到集市旁，小孟子学人做生意，学得不亦乐乎，古人崇尚的是"学而优则仕"，孟母最后把家搬到学堂附近，小孟子就天天看人学习，也想学习了。

孩子还未成年，世界观、人生观、价值观都尚未定型，很容易近朱者赤，近墨者黑，好的环境对孩子的成长起着不可小觑的作用。

有的父母盼望孩子上个好的大学，因为更好的大学，相对来说孩子对知识、对学术会更尊重、更敬畏，孩子也可以向优秀的人学习，做更好的自己。

哪怕是选择一个小学、初中，父母也会考量这个学校的校风、学风，因为底蕴深厚的学校，对孩子思想、文化的正面影响都是无形的。

怎样培养孩子良好的习惯

1. 以身作则

父母在孩子面前要规范自己的行为，比如合理安排学习，少玩手机；讲究卫生，不乱扔垃圾；按时作息，不熬夜；整理物品，不乱放；控制情绪，不发脾气；乐于助人，与人为善等。

当下社会，资讯多，生活压力大，要做个自律的成人是不容易的。

拿锻炼这件事来说，孩子放寒假有体育家作，每天跳绳、跑步，做仰卧起坐。可往往需要大人督促，家长自己若也能每天坚持锻炼，孩子也会跟着被带领好。

关于阅读，如果家长很爱看书，会营造书香家庭的话，孩子也很容易爱上看书。

我父亲虽然是个农民，但很爱阅读。从我记事开始，家里就订了好几种报纸。小学时我们的新书下发回到家，父亲一定会拿过新书细细翻阅，特别是语文。所以，从小我就很爱看书，这个习惯已保持了几十年。

我以前有个农村家长，家里有几台布机，夫妻俩轮着做。我去家访时，看到天井里有张方桌，上面是各色报纸，至少七八种，我不禁要肃然起敬，家长虽然做着最平凡枯燥的工作，却依然在精神上有所追求。他的儿子——我的学生，不多言语，但非常好学，知识面很广，后来上了诸暨中学，考了浙大。

拿我自己教育孩子来说吧，想培养孩子认真阅读写作的习惯，从小陪伴她时，我多看书、多写作，对她默默引领。哪怕孩子现在已经读大学了，我也会争取做榜样去影响。有时我会与孩子分享我的灵感，可以写成怎样的文章；有时会和她提议一下，你有想法也可以及时写下来。前些时看到一则新闻，女儿写了篇杂文，很有见地和思想，就发在我的个人公号"萍言平语"上面。

2. 巧用方法

（1）积极评价

积极评价是为了唤起孩子的需要和动机。还是举我自己的例子吧。小学时，为了培养女儿良好的生活习惯，如学会自理，照顾自己；科学饮食，均衡营养；按时作息，劳逸结合；讲卫生，爱清洁；锻炼身体；学会合理消费等以及良好的学习习惯，如主动学习、课前预习、独立完成作业、及时复习、广泛阅读、培养想象力等，还有一些社会习惯，比如愿意为同学服务、爱做好事等。从孩子一年级起，我常采用发"表扬信"的方式来鼓励女儿。如：

女儿：

你最近做作业前能先认真复习，做完作业能仔细检查，表现很棒，真是个好孩子，继续努力吧，期待你更大的进步！

评价人：妈妈

每次收到表扬信，女儿都兴高采烈，喜上眉梢，努力表现的劲头就更足了。不知不觉中，很多好习惯便形成了。

（2）量化管理

有很多习惯可以用量化行为来巩固强化。

我采用"表格式"记录法来强化。根据女儿当下需要加强训练的事情或习惯，用表格罗列出来，张贴上墙，每日考查，每日评价，定期发放奖金或奖品。

女儿小学时，心态乐观，能合理安排时间，喜欢看课外书，对长辈孝顺。不能不说，用表格式的量化方式引导、强化，少了很多说教和责备，无痕渗透，效果明显。

（3）角色扮演

孩子小的时候，有些社会习惯的形成，可以用孩子喜欢的角色表演来引导和强化。幼儿园时，为了让孩子学会礼貌待人，我们会用角色扮演法。我演女儿，孩子演来做客的亲人。进门怎么招呼、引领入座、端水、问候，几次演下来，怎么礼貌招待客人就有数了。又如为了养成感恩的习惯，我让女儿当妈妈，我来做孩子，把每天生活中的正能量、需要感谢的事和人回忆与感恩一下，慢慢的，孩子也能学会用正面的眼光去看待这个世界，形成积极乐观的心态。

（4）展示强化

如果孩子不是很有自信，或上进心不是很强，我们不能经常去指责，那样会负强化，孩子会跟你对立，或更不当一回事。

你可以很有策略地定期把孩子的作文、书法作品甚至好的作业展示出来，定期叫亲朋好友来参观，通过他人的嘴，给予正面的评价与鼓励，孩子会特别有信心和成就感。孩子认真学习的习惯、自信的习惯会被慢慢激发出来。我女儿小学六年级时，我就把她的一些作文整理出来，编成一本集子，鼓励她写作文的信心。

3. 细致入微

对于比较小的孩子来说，有些生活习惯、学习习惯的培养，要手把手教，不断示范，不断扶放，要非常细心。

比如拿筷子，有些年轻人的手势也是不对的。说明孩子二三岁时，学拿筷子，就要教到位。大人要一遍遍亲身示范、鼓励、实践、指正。

又如一年级时，训练孩子整理物品的习惯，书包怎么收拾，书按怎样的顺序放，本子怎么排，铅笔盒放哪里，小物件放哪里，需要每天训练。

还有孩子的房间怎么整理，包括床铺、书桌、衣柜、抽屉等，都要手把手教，多次示范，由扶到放，一点点儿让孩子习得技能，养成习惯。

这些习惯，家长千万别指望着说个三次两次，孩子就形成习惯了，一定要细处着手，不断训练，落实到位，这样才能真正促进孩子好习惯的养成。

4. 坚持不懈

教育贵在坚持。培养孩子健康的习惯，如按时作息、按时就餐、劳逸结合、注意卫生、爱护环境、不让孩子过度使用手机等，就要在孩子较小的时候，每天关注，每天及时反馈，及时评价，让孩子明白方向、分辨是非、形成习惯。培养孩子的阅读习惯，可以由每天晚上亲子共读，逐步过渡到孩子独立阅读，也可以不定期让孩子复述故事，参加故事比赛等进行验收，激发孩子的阅读兴趣和信心。同时家里也能创造阅读的环境，如大家不看电视，大人尽量多看书，目之所及处都能放上书，定期进行家庭读书会等。坚持下去，一定能收获一个爱学习、爱阅读的孩子。

比如培养孩子合理花钱的习惯，可以让孩子学会在本子上记账，合理规划零用钱，践行得好的，定时奖励；践行得不好的，定时扣钱。持之以恒，如果孩子有大手大脚的花钱习惯，也会有所改善。

比如培养孩子运动的习惯，靠讲道理根本行不通，直接动起来呗。每日跳绳200下，跑步20分钟，相信一两年过去，孩子的身体素质就会比较好。

5. 坚持原则

很多时候，孩子习惯的养成也是很考验家长的意志力的，定下的规则能咬定青山不放松，对待原则轻易不妥协。孩子知道你说到做到、没有讨价还价的余地，就能乖乖遵照执行。

如玩手机、玩电脑的习惯。首先是定下规矩，和孩子商量着定好规则，多少天玩一次，一次玩多少时间，什么情况下可以奖励玩的时间，什么情况需要扣除玩电脑的时间，然后按照规定不折不扣执行。现在很多青春期孩子迷恋上网，手机、电脑玩得过分，家长说了也不理。主要还是在小的时候，没有约法三章，听之任之，过了定规矩的黄金期，后来家长说的话就不灵了。

比如孩子吃饭时玩来玩去、三心二意，或挑三拣四，就跟他说清楚，十分钟后收掉食物，下午不能吃零食，一直到晚餐时间。下午，孩子可能会饿，会向你要零食，但你为了让他记心，自己承担后果，就不松口不心软。这样两三次之后，孩子就会尝到教训，应该吃饭的时候就会好好吃饭。

6. 良好沟通

为了让孩子明事理、辨是非，有理性思维、辩证思维的习惯和能力，需要父母和孩子平时多平等交流，抓住契机进行高位引导，帮助孩子形成正确的三观。

为了引导孩子正面思维的习惯，以往我是这么做的：帆晚自习回来，吃点儿东西休息时，我会一如既往大声说，嗨，说说今天的三正了！帆想了想说，第一，今天数学吴老师叫我校对作业，我是全对的。第二，政治课关于哲学部分比较难，但我基本还能理解。第三，班长送我一本本子，上次我提到过喜欢这种本子，真让人开心。

我说，帆，我们每天要聚焦好的事情，用阳光乐观的心去看待一切。我们的生活是好的，我们这个人也是好的。如果我们每天对生活不满，那身处生活这股洪流里面的我们，也好不到哪里去了。

改变焦点，正面思维，凡事往好处看，积极向上，能量满满，这难道不是一种好的思维方式吗?

很多时候，金钱未必能保护孩子一生无忧，但父母从小培养起孩子思考问题的良好角度和面对困境跳出困境的独特思维方式，却会跟随孩子一生，护她一辈子幸福快乐。

7. 心平气和

看到孩子屡教不改的坏习惯，很多家长容易炸毛，气不打一处来。在习惯培养上，家长的耐心和等待很重要。

内心深处，其实每个孩子都是非常渴求大人的肯定的，愿意为老师家长的鼓励赞许付出努力。可是，还有种种客观条件。拿写字这件事，有些孩子态度也认真，写出来的字却还是差。那么，唯有等待。等待孩子的手指肌肉不断发展，等待孩子写字的感觉越来越好，等待孩子慢慢地熟能生巧。我们能主动干预的方式就是鼓励，再鼓励！就像庄稼，成长成熟是有时期的。拔苗助长、急于求成只会背道而驰，贻笑大方。

行为养成习惯，习惯形成性格，性格决定命运。习惯的重要性大家明白了，怎么去培养孩子的好习惯就看大家的行动了。

如何创造良好的亲子关系

我们说，家长是最好的老师，关系是最好的教育。2020年初，因为特殊疫情，亲子一起宅在家，有不少家长会感恩这样的美好时光，但也有很多家长每天和孩子矛盾不断，斗智斗勇，精疲力竭。

确实，平时和孩子相处时间不多，突然有很多时间相伴，矛盾一下子集中，怎么和孩子增进关系，真正走进孩子的心里呢，不少家长是有困惑的。

那么，究竟如何创造良好的亲子关系呢？

一、高质量的陪伴创造好关系

（一）以身作则

家长的一举一动、一言一行、一颦一笑，都在向孩子们言传身教。每一个孩子，在家长的陪伴下耳濡目染、经历成长。家长能给孩子最好的教育就是，用自己的行动去体现什么是正确的人生观、价值观、世界观。你想孩子成为什么样的人，你先把它做出来。每一天，你都在为孩子未来的人生打样。你用实际行动提交答案，孩子会悄然把你的答案记在心上。这些或许就成为孩子心里的标准答案，对他们的人生产生深远影响。在此提醒家长们和孩子一起时，做到"两少两多"，即（1）少玩手机；（2）少发脾气；（3）多看书；（4）多锻炼。

大家想想，家长一边对孩子说着——你怎么这么爱玩游戏，你太没有时间观念了，对自己不负责，有空多看看书呀，多锻炼，不要变成小胖墩，要管理好自己的情绪，和家人、和同学友好相处。可是，如果自己在孩子面前整天捧着手机成低头族，早上睡懒觉，从不看书，也不爱锻炼，动不动出言不逊，教育孩子，非打则骂。那家长的教育对孩子怎么能有说服力呢？教育不是因讲道理而起作用，关键是给孩子提供模仿，特别是小学阶段。孩子主要模仿谁呢，当然是家长。

说到宋朝的三苏，即苏洵、苏轼、苏辙，大家都不陌生。唐宋八大家，苏家占了三席。苏洵教育两个儿子，基本没什么高调，起的名字也没希望他们大富大贵，期待并不高。两个儿子从小却对学习热爱得不得了，这全靠父亲的身教，父亲不为功名地每天看书、写作，孜孜不倦，两个儿子耳濡目染，自然也很爱学习了。

有位家长曾对我抱怨，说小学四年级的儿子不爱看书，我问她晚饭后干什么，家长说，我和他爸在客厅看电视啊，要儿子进房间看书，他就是没心思。学习的不良榜样，学习的环境不好，孩子自然对阅读没心思了。

做家长确实是很辛苦的。特别是和孩子一起时，你就必须有教育者的清醒，要严于律己，行为上要克制，内心情绪要控制。

因为您是上游，孩子是下游，上游被污染，下游干净不了；您是原件，孩子是复印件，原件有差错，复印件也正确不了；您是榜样，孩子是模仿者。您对自己的行为负责，孩子才能得到好的样品。

所以，无论孩子在多么优秀的学校读书，但个体之间还是会有很大的差异，因为每个孩子来自不同的家庭。家庭环境、父母的言传身教成了孩子成长的重要推动力量。

也有很多家长，很注重榜样引领，自己爱学习、爱运动、爱做公益，孩子们在书香的耳濡目染下，在父母良好榜样的感召下，爱阅读、爱锻炼、爱助人，是自然而然的事。

教育的本质意味着：一棵树摇动另一棵树，一朵云推动另一朵云，一个灵魂唤醒另一个灵魂。教育无痕，润物无声，其实无须太多的道理，家长身体力行去影响就可以了。

（二）安心陪伴

做好了榜样，有空和孩子一起时，如何保持良好的情绪，安心陪伴孩子呢？我们建议家长做到三个"多"。

1. 多聊聊

和孩子更好相处，讲故事是很好的手段。但我们要怎么跟孩子讲故事？你的工作，你的阅读，你生命的各种经历……你都可以和孩子真诚地分享。

你可以和孩子讲讲未来的世界，有科技的发展，有对瘟疫的征服，有生态的建设，让孩子们的想象力展开翅膀。

和孩子聊聊今年疫情背后的故事，讲讲那些坚守在抗疫一线的英雄的故事，讲讲那些为了帮助抗疫成功付出努力的人们的故事，讲讲一方有难，八方支援的大爱故事。钟南山、李兰娟、医生、护士、警察、解放军、志愿者、快递员、清洁工，每一个普通人，都是故事里的主角。

孩子因为感动，学会善良和感恩；孩子因为明白什么能做什么不能做，学会责任和担当；孩子因为被人性的光辉折服，心中有了坚持和信仰！讲故事，不仅可以增进亲子关系，也会无痕培养孩子的品格。从小有着大格局和优秀品质的孩子，背后一定有着优秀的父母。

当然，讲故事，并不是让家长过多唠叨。唠叨不是好事，孩子学习时，不要总是唠叨，会破坏孩子的注意力，会干扰他的主动学习；平时，唠叨太多，孩子会不知道家长哪句话才是重要的，会感觉自己是不被信任的，会觉得总是受监督和控制的，更会让孩子不知不觉远离家长。

小的孩子还好，到青春期的孩子，自我意识强烈，想要自由，想要独立，这时候家长的亦步亦趋、过多干涉都会成为孩子成长的阻力。家长这时候就要端正角色，需要弱一点、隐一点、退后一点了。适当给孩子一些时间、情感的自由，也是一种高质量的陪伴。

2. 多听听

我们跟孩子在一起，还需要向孩子学习。无论孩子是神兽，还是魔兽，身上都蕴含着生命热情。今天这个时代的孩子，他们的知识视野、各种兴趣等，都是异彩纷呈的。

跟孩子在一起，我们好好听孩子跟我们讲故事，讲他的阅读，讲他跟同学之间好玩的事情，也听孩子讲他的老师，讲他的心事，讲他最感兴趣的东西，讲他对疫情、对中国、对世界的看法。

倾听是很好的沟通，就看家长是否能耐心地、认真地、不带评判地听，全身心投入地听，这其实是非常考验我们家长的素质和心态的。

3. 多玩玩

孩子最喜欢和爸爸妈妈一起玩，一起过家家，一起运动，一起阅读，一起做家务，一起做丰富多彩的活动了，这也是我们可以给孩子的高质量的陪伴。

有童心童趣的家长，孩子最最喜欢了。因为孩子觉得你和他们打成一片，你理解他，接纳他，而且不必要在你面前装模作样，活得多开心、自由、放松啊。

"妈妈，我们能玩一会吗？""去去去，今天作业完成了吗？"

"爸爸，我们一起运动一下好吗？""爸爸工作忙，哪有时间，你最近考试怎么样？"

如果你是这样的心态，估计你很难和孩子打成一片。

玩什么？做美食类、琴棋书画类、体育运动类、游戏类、动脑益智类，都可以，就看家长能不能开脑洞喽。真的想不出，百度一下呗。这个世上，没有缺少资源的人，只有缺少资源的状态。

只要你有一颗童心、爱心，有点儿想象力，你就能和孩子一起轻松活泼地玩。在放松孩子身心的过程中，也培养了孩子各种能力，教育就渗透在这样的情境中。

二、定好规则界限保障好关系

没有规矩，不成方圆。好的制度往往奖惩分明，好的教育往往温柔而坚定，好的关系往往严肃又活泼。

疫情期间，孩子停课不停学，都在上网课。家长陪伴的同时，也要和孩子约法三章。

和孩子商定一些规则，并写出来，贴在时间表旁边，规则不宜多，要害要抓住。下面就是一位家长和孩子商量后定下的规则：

（1）手机、平板和电脑只有在上网课的时候才可以使用，其余学习时间不得使用；

（2）学习时间必须坐在桌（电脑）前，不允许躺、趴在床上或沙发上；

（3）学习时间不允许吃零食（防止"假装吃水果吃零食蹭电视看"）；

（4）晚上九点（或十点）开始，禁止使用电子设备；

（5）听课时上洗手间的时间和次数不能过多，比如一堂课不能2次以上（防止"长时间蹲马桶看动漫、打游戏"）；

（6）及时完成作业，保质保量。

大家按规章办事，天下太平，省得朝令夕改，讨价还价，矛盾不断。

家长自己也要明确界限，商量定下的时间和规则，不要无原则地退让；孩子在看书学习的时候，你在孩子旁边不要玩手机、看电视剧；不要动不动去唠叨责备，不要管犯人一样管孩子，不要与别人家的孩子比较，适当降低期望等。

这样良好的亲子关系才能得到保障。

三、了解孩子需求升华好关系

孩子需要什么？马斯洛的需要层次理论指出，人有生理的需要、安全的需要、爱的需要、尊重的需要、自我实现的需要。

孩子和大人一样，要保证吃喝生存，希望平安，希望一家人相亲相爱，希望获得家长的信任、尊重。最高一层是自我实现的需要，孩子如果总是在学习上得不到成就感，他就慢慢丧失信心，就想从别的地方找到价值感，比如打游戏、与人上网聊天、看小说、打扮，甚至早恋等。所以，家长要善于体会孩子的感受，发现他的需求，才能把话说到孩子心坎上，让教育对症下药。在此提醒家长做到"一少一多"。

1. 少指责

很多家长瞪大眼睛看着自己的孩子，事无巨细地高度关注自己的孩子，当家长的眼里只有孩子时，孩子的一切都被无限放大，孩子的每个小缺点都被放大到家长不能承受之大，于是家长就容易变得急躁和易怒。

其实，孩子的缺点没有那么不可饶恕，假若我们主动和孩子保持一定的距离，就能给孩子自由呼吸的自主成长空间。这份距离能帮助我们保持母慈子孝的亲子气氛。

每个行为背后都有正面动机。孩子要拆个玩具，不一定是调皮捣蛋，可能想研究原理；孩子的成绩没考好，他故意装作无所谓的样子，或说些叛逆的话，可能是自尊心很强，在自我保护；他总是想和你顶嘴，或许是他正进入青春期，有了独立意识，有了自己的思考，不再唯命是从。家长要学会换位思考、正面思考，相信孩子都是要上进的。

其实有些缺点，是亲子关系制造出来的，罪魁祸首是父母。比如孩子磨蹭这个习惯，原因有可能是：父母有磨蹭的习惯；父母替孩子包办太多了，使孩子觉得事情不是自己的事；孩子知道他一磨蹭，家长会着急，他就用磨蹭控制你，很有乐趣；也许他只是一点点儿磨蹭，家长的指责放大或固化了他的磨蹭，若改变这个习惯，会让他觉得是受制于你，会有点儿不甘心。

对孩子来说，生命里最核心的问题都与他原初跟父母的关系关联很大，是一个家庭系统里的问题，不是孩子单一的问题。比如原来我们跟孩子相处少，他就会有某种爱的缺乏，导致他自卑、安全感缺失、人际交往方面出现某些问题。

这些原初的问题，有可能就会成为他一生的问题，但有一些问题现在你意识到了，就应该积极地去改善。

所以，当家长跟孩子有亲密相处的时间，我觉得最重要的是要表达出对他的爱来，不要批评或减少批评，要克制自己，不要过高、过于急切地要求孩子，还要克制自己喜欢挑毛病的习惯。有时候对孩子的问题，家长要看破不说破，即便是要说，也要讲究方式，要谨慎，三思而后行。

2. 多鼓励

一个人的成长，需要鼓励和肯定，就像花草需要阳光雨露。

欣赏、鼓励对于青少年归属需要和自尊心满足是极为必要的，对学习成绩不佳、各方面表现一般的孩子更要多一些欣赏和赞美，对暂时遇到学习瓶颈的孩子更要多一些理解和鼓励，让孩子在学习和生活中保持不断进取的热情；要着眼于孩子的进步来表达欣赏。

作为父母，无论我们再怎么努力也无法避免孩子失败、受挫，所以我们唯一能做的就是让他知道家永远是最安全的地方，父母永远是最值得信任的人。在他失败受伤之后，张开怀抱把他紧紧抱住，告诉他一切都会好起来的。只有这样，才能让孩子找到再次投入到这个世界的勇气，并且逐渐建立他自己的能量，成为内心强大的人。

如，"孩子，没关系，一点点进步，你已经超越昨天了。有困难，我们一起想办法。""孩子，你不管怎样，爸爸妈妈永远爱你。"

鼓励、欣赏和支持都是爱，爱才能给人巨大的勇气。

世上所有的爱都是为了相聚，只有一种爱是为了分离，那就是父母对孩子的爱。

亲子一场，最终是目送。我们能真正陪伴孩子的时间是不长的，珍惜生命中这段难得的相聚时光吧，它将是亲子一生美好的回忆。

让我们真正做到对孩子接纳、认可、尊重、信任、欣赏、支持，从而构建良好的亲子关系，创造卓越的亲子状态。

辑三　正面管教

　　正面管教的理论从国外进来，不少人熟悉。中国人的文化里，对孩子，很多家长特别是祖辈会宠溺，也有父母坚信"不打不成才"。我想，不宠不溺、不打不骂、温和而坚定的教育，更受孩子欢迎，也更能管教出好孩子。

你去站一会儿吧

小孙同学是个小调皮，上课是坐不住的，不是人东倒西歪了，就是拿出个尺子橡皮在玩了，还不忘去招惹一下同桌或后排。

就像家里的熊孩子，做会作业就站起来喝水去了，要练字了就说要上厕所了，练不了一会儿琴就玩去了，书背着背着就看电视去。让家长气不打一处来，脱口而出就要责骂……

我有时一进教室，就说，今天我们要以这两个同学为榜样，前面的同学看小孙，后排的同学看小余，他们怎么坐，我们就怎么坐，他们怎么听课我们就怎么听课。小余本来就是个认真听讲的孩子，小孙呢，一听要做榜样，劲头就来了，煞有介事坐得端端正正。

但是，不多会就松懈下来，忘了约束自己。然后，我又追一下，前排同学坐有坐相，听有听样，赶紧看小孙，向他学习！小孙在众目睽睽下，又不得不严于律己了。

有时呢，我一上课就说，同学们，还是老规矩噢，上课影响别人被提醒两次了，第三次我不再提醒，乖乖由班长带着去吴老师办公室练自律本领。

一年级小朋友已经知道了，家有家法，班有班规，违反纪律就要承受后果，练自律本领非常要紧，这是小小男子汉必须具备的。

做小动作，开小差，谈小天，我也不多批评，因为同学们都知道，自己可能也不是存心的，就是没控制好自己，那既然缺乏这个自控能力，就去练呗，练好了就慢慢变成控制得住自己的男子汉了。

大家心平气和地看待这件事，也心安理得去"训练"，练五分钟回来，这节课上，就会神奇地变得自律。

因为我在孩子去练之前，就会暗示说，等会小孙同学练习回来，一定听得特别认真，特别有精神，自律能力会很强，不信，大家等着看。

　　虽然一个学期下来，也只有两三个同学去练过自控本领，但大家却明白了一个道理：管不住自己，影响了别人，影响了班级，是需要付出一点儿代价的，因为我们生活在集体中，一言一行关系到大家，遵守纪律是非常重要的；学习需要静心，需要管住自己的身和心，有自控力能让自己听得好，学得好。

　　家长对孩子的教育其实也是异曲同工。和孩子约定规则，让孩子承担一点后果，加强一些体验，自悟一点道理，好过义正辞严的责骂和喋喋不休的说教。不需要严厉，也不用娇纵，和善坚定，不亢不卑，这其实就是正面管教。

　　有一回，侄子在父母家做作业，眼看要期末复习了，我辅导一下他的功课。让他读背一点资料，却多次开小差。我就和他商量着定下规则：如果再收不回心，就到墙角安静地站5分钟，把心收回来。他点点头。然后，当他字乱写，眼神游离的时候，我果断地说，去吧，到墙角站一会儿，把心管好，再回来肯定聚精会神了，我会陪着你。然后，他乖乖过去站好，我整理了一下他的站姿，严肃又安静地站在一边陪着他，不唠叨不责备。他的脸红一阵白一阵，感觉有点不好意思，但又认赌服输。五分钟一到，回到座位，就格外认真起来。

　　尊重孩子，理解孩子，控制情绪，不打不骂，不宠不溺，心平气和，能教出讲理的孩子。

到底怎么"给"

道德与法制课上，凡是五角星有 15 颗的孩子可以抽签，20 颗到了可以和老师一起玩。

孩子们问，抽签有什么东西啊？我说，有零食有水果，可能还有"空屁头"，孩子们哄堂大笑，乐不可支。

孩子们再问，和老师怎么玩呢？

有可能这样玩！我一把抱起了第一排的小调皮——小杨同学，托着他的身子转了好几个圈，又把他背在我肩上晃啊晃。

好玩吗？我放下他问。好玩好玩，他乐开了花。全班孩子都闪着亮晶晶的眼睛，跃跃欲试了。

这不，101 班两个孩子有 15 颗星了，我夹着书本，拎着食品袋和抽签盒进了教室。预备铃响过了，我让大家安静下来，郑重地通知要抽签了。小斯同学和小杨同学在众人艳羡的注目礼下，上台来小心翼翼地抽签。一个抽到了几颗巧克力糖，一个抽到了两枚橘子。两个孩子欢天喜地回到座位，这节课上特别专心和投入。

我要陈述的重点不是这些，在后面。

下课了，小杨同学走过来对我说，楼老师，橘子好香啊。

说句真心话，这是两个非常普通的橘子。

那孩子在说违心话吗？也不是。

而且我猜，小杨同学一时半会还不会吃掉它，甚至有可能还要在晚上带回家去与父母共享喜悦。因为小斯同学已经说了，她要把糖带回家去，要分给妈妈吃。

为什么普通的巧克力糖和橘子在孩子眼里变得如此珍贵？

因为这糖和橘子已经不是平常的东西,它们被赋予了意义,它们是学习态度、课堂质量领先的象征;能得到这么多五角星,付出了两个月的努力,多日等待,来之不易,虽平凡如它们,但都变得格外让人珍惜。

这就给我们家长启发了。怎样奖励孩子,或满足孩子的欲望?

现在的孩子,为什么有的言出必要,没有耐心,不满足就撒泼耍赖,让人头疼?为什么有的孩子玩具堆满屋,还不断索要,喜新厌旧?为什么有的孩子任性骄横,有胆量爬到父母头上来作威?

"给"孩子是有策略的。

延迟满足地给

一群4岁的孩子被带到一个房间里,然后给他们每人一颗棉花糖,指导者告诉孩子们他要离开一下,但是会马上回来,大家可以把棉花糖吃掉,但是如果孩子们能不吃棉花糖,等待指导者回来,就可以多得一颗棉花糖。大部分孩子都等不及吃掉了,小部分孩子能克制自己的欲望,安心等待,以实现更大的目标,即多得棉花糖。事实证明,这样的孩子后来在事业上成功的概率也更大些。

会等待的孩子相对来说,更有耐心,情绪更稳定,更自律,意志力也更强。

从棉花糖的故事,家长们就可以得到启示,孩子想到什么就要,不给就哭闹,如果你从来都是有求必应,那么,任性惯了的孩子,他在以后的学习生活中容易冲动,没有耐心,没有毅力,也容易受挫,同时也给老师和家长的管教带来了很大的阻碍。

小小地、少少地给

不要让孩子一口吃成胖子。成绩考了个90分,就许诺孩子去北京玩,如果考了个100分,是不是得去太空了?孩子的胃口,就是父母无条件满足给撑大的。小小地、少少地给,让孩子为小确幸而喜悦,培养他从小事中得到好心情的乐观心态。也让孩子知道,成长是自己的事,提高了进步了,最有成就感的是自己的心。慢慢地,孩子可以不在外在物品的刺激下去行动,真正是由内驱力发动的。这样的成长才是主动的、自主的、有可持续性的。

赋予意义地给

一个橘子上，承载着爱、努力、上进等诸多优秀的品质，那么这个平凡的橘子也会变得神圣起来，让孩子仰望它、珍爱它。

还记得《啥是佩奇》这个视频吗？乡下的爷爷用钢铁制作了一个小猪佩奇，它也许没店里的玩具好看，但如果父母能引导孩子懂得，一个不知道佩奇是什么东西，费尽九牛二虎之力才明白是个小猪，并且知道是孙子喜欢的玩具的爷爷，是怎么千辛万苦地制作出这个玩具，孩子也会觉得来之不易，并感悟到玩具上浓浓的亲情和爱。

家长、老师们善于提升一件小物品的内涵和意义，让孩子从小懂得知足、感恩，也是一种智慧。

救活再烫？

"破罐子破摔""死猪不怕开水烫。"我们经常用这些语言来形容屡教不改、积重难返的调皮孩子、问题孩子。

确实，有些经常犯错，惹老师和家长生气的熊孩子特别让人抓狂。一次次批评，一次次当头棒喝，都仿佛无济于事。他们左耳进右耳出，一不留神又故技重演。

问题就在这里，他们是怎么变成这样的？对他们到底应该怎么办？

有些，他们天生的大脑基因里有一些与众不同的物质，比如多动儿、自闭儿等，都是有先天因素在的。但很多，却是在家长、老师的批评之下一步步在皮孩子的路上越走越远的。

当他们可以有规矩时，我们家长率先不靠谱，没有及时教育；当他们犯错时，我们怕他们不长记性，狠批一顿，再犯，就再恨铁不成钢地斗一回，偶尔还旧事重提，挖起伤疤。以为靠这样说说教、指责几句就能达到教育效果，能让孩子改邪归正。

随着年纪的增长，孩子听到的负面评价累计更多，他对自我的评价也趋低了。有时会想：我反正就这样了，努力了照样批评，不如不努力，还轻松呢！孩子为逃避成长压力，就会自我保护，做出油盐不吃的样子。这时候，学校里的老师在他犯错时，如果只是批评教育的话，就根本没有逃出他的预期，也不会起大的作用。

这里就有一个认知协调的问题。"我是个老犯错的后进生""今天我又犯错惹老师不高兴了"这两个认知是同一层面、同一类型的，孩子心里会感觉平衡，内心就不会难受。

反之，如果是个好学生，他犯了错受了批评，就会特别难受，因为他的认知是这样的"我是个不犯错的好学生""我犯了错",这两个截然不同的认知让他内心产生了不平衡,这种不好受会促使他尽快改正错误,重新回到好孩子的评价。

所以,同样是批评,对好学生有效,对听惯负面评价的后进学生效果不大。

一个自以为是好人的人,他做了好事就心理平衡;一个自认为是坏人的人,做了坏事也心理平衡。

这里说到的心理平衡问题,可以用心理学上一个经典的理论加以解释,那就是认知失调论,它是美国社会心理学家费斯廷格提出来的,他认为,人有一种保持认知一致性的趋向。根据这个观点,当一个人处于认知平衡状态时,他并不会产生痛苦的感觉,也不需要改变态度和行为。

成年人的很多痛苦来自于认知失调。

比如,一个对自己有要求的人,当他一个假期吃吃喝喝玩玩时,最后他却感受不到快乐,反而非常懊恼与自责。因为他有一种认知"我是个会管理时间的人",和另一种认知"我浪费了太多的时间",产生认知不一致,心理就不平衡,就会体会到痛苦。

比如,进入婚姻的女人,如果她之前有一种认知"男人应该是一如既往体贴我的",后来她又有了一种新的认知"男人不再像以前那么上心了",她就会认知失调,心理失衡,感觉到痛苦与失望。

比如,《平凡的世界》里的孙少平,如果他一直待在农村,他会和他哥哥一样,觉得在农村里办个砖厂,发家致富,福泽乡亲,就是人生最大的奔头了。但他读过高中,特别是看过这么多好书,他对人生的意义已经有了新的认知,所以就有了冲突和痛苦,所以他的出走和分家,成为他改变的行动,成为他追寻自己人生价值的路径。

比如,有经验的班主任,会在一开学让学生签订合同,明确新学期目标,并让大家在全班面前大声朗读。这就强化了一种认知"我是有目标的,我会向着目标努力的,大家都会监督我的。"之后,如果他想出现新的认知"努力太辛苦,我想放弃,我可能会说到不做到。"对于自尊心强的孩子,他就会认知失调,感觉到难受,不得不按照自己在大庭广众下宣誓的去做。

当然,对破罐子破摔的孩子,他有本事让自己心理平衡,他会改变一种认知"虽然我宣誓过了，但人无完人嘛，做不到也是可以原谅的"，以此达到新的内心平衡。

利用认知失调，对学生，我们可以怎么做呢？

当然是对落后孩子少批评，多赞美，把他的自尊心扶起来，就好像把死猪先救活，再烫它就痛了。

一年级的小S同学，总是斜着眼，旁边同学碰他一下，他非得重重打两下回来；下课把自己的手臂用彩色笔画满了画，也不由分说把同桌的手臂涂得五颜六色；同学口吃，他在全班面前学口吃同学说的话，引起大家哄笑；自己的东西不肯分享给同学，说是妈妈不让。

对这样的孩子我们老师很容易去指出错误，这样是不对的，那样是做错的。

这样的孩子明显比较自私，一方面要引导家长，另一方面也要谨慎运用批评教育，贴标签就是交给一种认知，如果总是贴负面的标签，比如，你这样做是不为别人着想，你太自私了。他就容易往低自我评价的路上一去不回头。当他认准了这种认知是合理的，那他再出现一种认知"我嘲笑同学了"，两个认知就平衡了，他根本没有要改变的动力。

所以，最好是一开始就给他贴上"受人欢迎"的标签，在上课讨论时，把各种受人欢迎的表现列出来，也同时表扬和鼓励到他，让小S觉得自己也是受人欢迎的，平时也不断强化。当出现错误时，你一剑封喉"孩子，你是体贴他人、受人欢迎的人呀，今天的行为就不受人欢迎了。"孩子就会感觉到认知失调，就会痛苦，为达到内心平衡，就会有改变行为的需求。

所以，在班级里，引导学生形成正确的认知，优化和提升学生的认知，让孩子对自己有合理的评估和较高期待，是不是也很重要？

不听话我就拿成就感砸你

走进二年级 10 班，还没上课，好几个小朋友风一样过来，惊奇地叫道，老师，你的脚好了？声音银铃一般，满怀喜悦。

刘家颖同学说，我的祝福真灵啊，老师真的好了，不用拐杖了。

是啊，上周我拄着拐杖去上课。下课走出教室，刘家颖扶住我，大声说，楼老师，祝你的腿早日康复！

我笑着对大家说，因为你们上周课堂上那么专注，你们还给了老师祝福，所以老师真的好很多了。这节课，你们又很认真，相信老师会好得更快。

坐在第一排的小何同学却没来由地哭起来。

我忙问怎么了，大家七嘴八舌说他作业没做好。小何气呼呼地边抹眼泪边说，语文作业太麻烦了。

我问大家，有很多人作业没做好吗？举起一片小手。

我看着小何说，你不哭了，不打扰同学们上课。等会老师上完课，腾出十分钟让大家做作业好吗？

孩子们说好的，小何也勉强止住了眼泪。

上的道德与法治课是《挑战第一次》。当小组讨论、集体交流完毕，我还补充了一个视频，关于一个老爷爷的挑战。当看到一半时，我果断停止，说，老师说话得算数，还有十分钟，留给你们抓紧做作业，视频下节课再继续。小何同学很挂心他的语文作业呢。

虽然这时大家已不想做作业了，想继续看视频，我毫不犹豫地关掉视频和PPT。大家乖乖守规则拿出了作业本，有几个看起了课外书。

一圈视察下来，发现小何同学居然呆呆坐着，我的天，这十分钟不就是因他而起的吗？

我走过去，柔声说，可以做作业了，十分钟可很快会过去的。

小何还是无动于衷。

"你怎么了，刚才不是急着要做作业吗？现在为什么不做呢？"我继续耐心地问。

"语文作业太烦了，不想做。"小何板着脸说。

虽然我不太了解小何同学，但从他平时不声不响、不爱回答、不爱理人来看，这是个有点儿个性的孩子，或者还有点儿任性。

我微微一笑说，孩子，现在你有三个选择——在座位上自己做作业；到讲台桌前做，我来教；或者到办公室找周老师，让她教着做。你选哪个？

小何慢吞吞拿出了语文抄写本。

我一翻作业本，惊叹道，小何你的字写得可真不错呀，瞧这个"息"，摆得多端正。

小何脸上柔和了很多。

我灵机一动，环视教室，发现有三个同学在做小动作，马上唤道，小楼、小王、小张，来小何这里欣赏好字。

三个同学"蹭蹭蹭"跑过来了，围在小何同学旁边，头碰头，迫不及待看他的作业本。

"来，仔细看，哪几个字写得好，你很喜欢？"我问。

三个同学一一指着自己喜欢的字说，这个，写得好！噢，这个也写得好！

小何已经是满面春风了。

我又说，你们偷了拳头，赶紧归位，向小何学习，把字写漂亮噢。

然后我又看着小何说，赶紧继续练，让别人来取经学习。

小何飞快地拿起笔，开始一笔一画写起来。

十分钟匆匆过去了。下课了，小何还坐在位子上头也不抬地写着。

我笑着走出了教室。

和善地说不

一个月前，有个好朋友诉苦，说她读初一的女儿人很聪明，数学试卷一难，往往考得好；试卷一简单，全班倒数也是常事。老师说她态度不够端正，作业速度不够快，潜力不小，却不肯努力。临近期末，老师希望孩子不要住校，家长能带回家好好管教，督促学习态度，抓紧完成作业，腾出时间复习。

这孩子，机灵过人，伶牙俐齿，老抱怨作业多，感叹重复性作业没意思。但往往眼高手低，投入学习的心力不足，所以成绩就很难稳定。

这样的孩子，如何进行教育？如何在期末抓紧一把的同时还能让好习惯持续？

初一年级的孩子了，打骂批评是没有长期效果的，讲过多的道理也是隔靴搔痒，必须和善坚定地进行正面管教。

和善，当然指不打不骂不侮辱，平静对待，尊重孩子，也理解孩子。

坚定是必须有原则、有制度，有法可依、执法必严。

那么，全家坐下来，和孩子头脑风暴，一起制订出规则，让孩子知道这样的规定的意义，并可以给孩子选择权，一旦定下，大家都不擅自修改。和老师沟通联系，明确家里和学校的规则，坚定地实施下去。

于是，对待作业、复习、考试、吃零食等，朋友和孩子都有了一个迟到的约定，然后就开始说一不二地执行了。孩子看父母也是雷厉风行却心平气和地对待，加上是自己选择和认定的，就只有硬着头皮认真履行了，偶尔有反复，父母按规定提醒一下就可以。

于是，一段时间下来，孩子在学校和家里，都明显用功惜时多了。

期末成绩一出来，进步挺大的。尝到了自律的甜头后，孩子由衷说，以后我要坚持努力了。

最终，这样和善却坚定的正面管教提升了孩子的自我克制、自我负责、自我教育的能力，推进了孩子独立思考、善于合作、相信自我、积极开放的品质。这样的教育，才是关注到未来的，是长期有效的。

对于孩子的教育，不宠溺不放任，也不指责不打骂，爱、尊重、温和、坚决，很难，却最有效。

最好在孩子年幼的时候，家长就已经有意识地进行和善却坚定的教育。

李玫瑾教授曾举过一个例子，关于年幼的孩子耍赖，如何和善而坚定地说"不"。

孩子在超市里大吵大闹，非买一个多余玩具不可。这时，你不要心急，不要发怒，要把孩子带回家，最好选择在卧室内，因为房间里没有危险物品。你将他置于卧室中，将门关上，让他单独面对你，他会感受一种情境压力，然后，告诉他"你今天这样是不对的！下次不许如此！"

初次这样做，孩子可能会继续哭。这时父母一不要打他，二不要骂他，三不要在这时给他讲道理，四不要走开。

最好的方法是坐在他面前，看着他哭，告诉他，妈妈很爱你，理解你的感受，但不认可你的行为。这样大哭大叫是没有用的，妈妈不会同意。他开始时会很伤心，还很气愤，这没有关系。因为他现在全部的反抗本事就是哭，大不了他在哭闹时将头撞在床脚上。这时你可以抱抱他，告诉你爱他，但哭是没有用的，如果觉得还不舒畅，可以继续哭，妈妈会一直陪着你。

但他自己一定知道疼，不再撞，而这时候的"坚持"就向他展示了你的态度，这对你、对他都有好处。

这种说"不"的方式就是以一次事件的处理行为告诉孩子：我理解你的情绪，但不支持你的错误行为。如果你做得不对，你再闹我也不会让步。

从此之后，他不会再如此辛苦地与你闹。

如果坚持着和善却坚定的教育，孩子不会无故任性。他能明白是非，能听进道理，也会服从约定。他会从小明白，父母爱他，但父母不会无原则地迁就他，无论生活，还是学习。

男孩子会突然间变得自信吗

朋友聊天，说到儿子过了年就逾三十了，还没女朋友。有个姑娘交往了两三个月后，姑娘单方面终止了关系。做了几回介绍，事后说起女方一开始均对男孩子印象不错的，但没见几次却又没下文了。有一回男孩子见到一个感觉很不错的，因女方比较漂亮，想追不敢追而擦肩而过。

一番话听下来，发觉男孩子自信不足，又不会交际，那么成了大龄青年是必然的。

我感觉，朋友从小对男孩指责挑剔过多，精神上没有塑造好，生活上又没有培养他的自理能力，孩子从小宅家，听话，与人沟通的机会很少，交流的欲望也不大，孩子内在力量不足。

自信心，是尝试一切事情的基础。明明素质很不错，却信心不足、自我怀疑、畏惧退缩的人，如何能前进甚至成功？

自信心，积极的自我概念，跟从小的教育方式很有关系。

受传统的纠错文化的影响，似乎打是亲、骂是爱。小时候，孩子的偏差行为，更多得到的是家长的指责、埋怨，而不是被就事论事、正确分析、信任和鼓励。

有时候，父母或许因为某些原因有意无意地把孩子某方面特点放大，说出了负面的话语，比如"你怎么这么胆小！你就是爱挑食！你性格太内向了！你怎么这么好动！你不是学习的料"等，给孩子贴上了负面标签。

有时候，教师无心的一句话，比如"你这孩子真固执！你就是坐不住！你太小家子气了！你真胆小！你上课就喜欢多嘴多舌！你这么不守纪律，太不懂事了"等，也给孩子贴上了负面标签。

还有些时候，因为一直没做好一件事，强烈的挫败感也会让孩子给自己贴上负面标签：我就是学不好数学！我就是不擅长与人打交道！我就是没有想象力！我就是笨手笨脚！父母就是不喜欢我等。

这些负面标签不仅影响到了孩子的感受，让孩子感觉无助、无望、无价值、无信心！也影响到了孩子的行为，孩子可能真的就会禁锢到这个负面角色里，往这些负面标签的方向去成长。

那么，等他长大成人后，如果不是主动自我觉察和修炼，是很难一下子变得意气风发、信心百倍的。

鼓励、信任、尊重、支持，无条件又智慧的爱，可以滋养到男孩子的自信和自尊。

除此之外，智慧的家长还会为男孩子创造一些磨炼意志的机会。

前段时间的诸暨西施马拉松，我有两个好友的儿子均参加了微马。孩子们分别读初、高中，他们积极报名后，有意训练了较长时间。

比赛前一天晚上，一位好友还担心天太冷，读初中的儿子无法接受挑战完成任务，儿子却斩钉截铁告诉妈妈，一定行，相信他！

第二天，逢大雪过后，天寒地冻，但两个男孩子都坚持跑完了微马。

我不禁想到，长征时，红军战士们脚蹬草鞋身着单衣，爬雪山过草地，后有追兵，前有堵截，空中还有敌机，却赢得了25000里长征胜利，这是历史，男孩子也许看得热血沸腾，但它在书上，在影视剧里，只能引领，却不是体验。

对男孩子来说，最好的教育是体验，是感性实践与理性认识结合！所以，那天的雪中马拉松，我觉得最好有更多的初高中男生去跑、去经历、去吃点儿苦，去感受那天机缘巧合的寒冷和坚持后的畅快与自豪。这样的经历对成长来说，是有节点意义的。

男子汉的刚强和血性需要从苦难中磨砺，困难是男孩成长的营养剂。没有苦，就创造点儿苦。吃过苦的孩子，对困难自有一种乐观的精神，意志是越挫越勇，身体的荷尔蒙是越战越多。

然后，作为父母，只要不断鼓励就可以了。于是，孩子他身体吃得了苦，心理也扛得了挫折，内心就很有能量，很刚强，能勇往直前。

同时，如果父母还能教他从小拥有男子汉风度，关爱和包容女生，那么，他的心胸开阔，不斤斤计较，也会对女性温柔以待。

那样，等他成年，你还会担心他不够阳刚，没有自信，与女性不会相处吗？

孩子太胖怎么办

好友喝茶闲聊，说到一件令她苦恼的事，即女儿的体重问题。

女儿小学刚毕业，体型太胖了，喝水都长肉，何况还爱吃零食爱吃肉。让她减肥，她理直气壮地说，干吗减，每个人都各有特点，为什么要一样？

好一个"我们不一样"！做妈妈的想想她青春期还未到，爱美之心尚不明显，减肥动力不足。就只好管着她的嘴，控制她的饮食。在家里，尽量少做肉食，限制大碗吃饭；杜绝带她吃烧烤食物，并再三耳提面命——少吃点，少吃点！

于是，女儿跟她"猫捉老鼠"的游戏就开始了。表面上答应得好好的，在妈妈眼皮底下就乖乖少进食，每天跳绳锻炼。一到学校中餐时，凡同学不想吃的红烧肉大排她都学雷锋做好事，帮忙消灭；刚放暑假，只要有亲朋长辈同学来叫外出吃饭，便脚底生风，巴巴跟上，做妈的拽都拽不住；和小妹妹看电视，趁父母没看见，一包泡面又当夜宵了，还偷偷把碗藏在沙发后以为神不知鬼不觉。

做妈妈的感觉苦口婆心，高度警惕，却防不胜防，真是心神俱疲。

当孩子做一件事缺少内驱力，而父母又管得过多时，就会形成恶性循环。即管得多，孩子就越不会自我教育，然后，因不会自我约束，恐惧的父母就只能更事无巨细地管。

到最后，孩子已完全忽视和忘却了事情的核心和本质——即为了健康，要控制饮食，不能太胖。而把关注点放在了和妈妈的斗智斗勇上，即只要躲过母亲的目光，就可以大吃特吃。

这种情形并不陌生。

孩子的作业，本来是自己的事，因为父母不厌其烦地催促、督查，孩子反而丧失了自制力和责任心，变成了为父母做作业，父母不管，就可以胡乱对待。

　　学生的守纪律，本来是自己的好习惯，因为老师亦步亦趋、形影不离地管理、监督，学生反而丧失了自觉心和全局意识，变成了老师不在就变本加厉地乱吵乱闹。

　　因管得过多，让孩子丧失了自我成长的空间和机会，内心也没有建立起相应的自我监督机制，导致做事、作业、减肥、守纪等都成了为父母、老师而为。如果师长不在，就似乎离开了警察，容易乱来。

　　所以，把属于孩子的事情还给孩子，属于孩子自我成长的空间腾给孩子，让孩子内心升起自我督促的警察，自己管理自己，方为上策。

　　那回到上文，好友家控制不了体重的孩子，怎么对待？

　　第一，父母闭嘴巴，考虑让第三人来影响她。比如孩子敬服的老师、亲人等，通过他们的嘴来晓之以理，动之以情，可能会让孩子的心有所波动。

　　第二，利用医生来教育，其实也是第三人影响。体检一下，让医生来提醒，说清危害，可能会让孩子的心有所敬畏。

　　第三，让环境来影响她。怎么做呢？比如从网上搜集一些关于肥胖危害的图片案例，打印出来，洗手间、客厅上，信手而放，"随风潜入夜，润物细无声"。在默默中，孩子的心可能会有所震撼。

　　第四，改变家人的饮食结构。一日三餐，能营养搭配，倡导多吃粗粮，多吃蔬菜水果，多吃鱼肉，少吃猪肉，换之以鸡肉鸭肉等。少摄入动物性蛋白，代之以植物性蛋白，平时多吃几餐素食。

　　第五，全家运动起来。父母的教育，身教大于言传。

　　然后，这样做起来，你就会有更多无痕教育的办法，如灵光乍现，汩汩而来。

　　然后，就安然等待，等待青春期时，孩子会把减肥挂在嘴上，会在晚餐时数着米粒吃饭。那个时候，你再要塞给她巧克力，她都会嫌恶地避之不及。

温暖有爱岂是偶然

青海回来,萧山机场,两个同伴去拿行李箱,我先出去买大巴票。买完后,她们尚未出来,我便倚在出口栏杆处等她们。

我饶有兴味地看着鱼贯而出的行人。年轻小伙背着包,步履轻快;中年夫妇,拖儿携女,笑容可掬;姑娘拖着箱子,四处张望,搜寻迎接的爱人;团队出来,成群结队,风尘仆仆。

"姥姥,姥姥!姥爷,姥爷!"突然,我身边的一个小男孩欢快地叫起来。栏杆对面走来的是一对老年夫妇,六十岁上下。姥爷推着车,身姿硬朗,儒雅慈善,退休干部的气质;姥姥矮矮胖胖的个子,身着红 T 恤,满脸笑容,非常和蔼。听到外孙的叫声,两位老人喜出望外,加快步子,连忙往右转弯,向栏杆尽头三步并作两步走去。

我把目光定格在这边紧随其上的母子俩。小男孩,约莫三四岁,背着个小背包,估计是上了暑假亲子班过来的。虎头虎脑的,亮晶晶的眼睛,脸上是天使般纯真的笑容。

隔着栏杆,他放开妈妈的手,颤巍巍地往前疾走,嘴巴里抖出一串串银铃般的呼唤声:"姥姥!姥爷!姥姥!姥爷!"听得人心都酥了。

我嘴角的笑容情不自禁地溢出来,像春天铺排开来的绿色。我的目光跟随着孩子,跟随着他的妈妈。

妈妈在孩子后面快走,没有阻拦,也没有高叫"当心!"就这么很平和地跟着。栏杆那边,姥姥用"宝贝宝贝"的叫声应和着孩子的呼唤,此起彼落,情意绵绵。

四人相聚了。姥姥放下行李,抱起了孩子,孩子依然快活地叫着"姥姥姥姥!"脸贴到姥姥脸上,心满意足的样子。姥姥抱着孩子,拍拍他的后背,无限喜悦。妈妈提醒了一句,大约是,姥姥累了,宝宝自己走,孩子就乖乖脱身下来。又看到后面的姥爷，又亲热地连声叫唤，沉静的姥爷也挡不住孩子深情的呼唤，放开推车，开心地抱抱外孙。然后姥姥和妈妈各牵着孩子的一只手，姥爷推着推车，一家人有说有笑地向远处走去。

这样温馨和煦的画面，似乎一阵凉风，吹散了我的舟车劳顿；心仿佛抚过丝绒一般，妥帖，感动。

为什么感动呢？

为这对老人的睿智、开明。看这个孩子如此亲热，估计是姥爷姥姥带的。看两老的打扮，这次应该是出去旅行。孩子被教养得活泼开朗、懂事有礼，看来这对老人的素质不可小觑。再说孩子的妈妈也是两老家庭教育的成果。爱，但不宠爱；温暖又不失冷静，我真有点儿肃然起敬了。

为这位妈妈的平和、宁静。妈妈矮矮的个子，并不苗条，身材像母亲，长得也颇为普通。但又怎样呢？人家有智慧。你看，孩子在叫，在跑，在走时，她总是很从容地跟在一边，守护却不紧张，关注却不干预，看见却不焦虑，满脸都是笑。孩子如此尊老，当然也不是自发形成的。

为这个孩子的活泼、温情，小小年纪开朗大胆，有爱懂礼，对老人特别亲热，却又颇有规矩，不骄纵任性，看到长辈出行回来，也不吵着闹着要礼物，真是个大气、有教养、讨人喜欢的孩子。

我不禁要为这个孩子的家庭教育喝彩了。

辑四　智慧引领

　　教育是一门艺术。今天做家长，更需要学会润物无声地渗透，抓住契机地引领，娓娓道来地推进。家长有智慧，既能处理好问题，又能引导孩子思想的提升。

平视，俯视，仰视？

睡前从浴室出来，发现帆趴在我们床上笑眯眯看着手机，她一看到我，马上告诉我说，晚上上的思修课，作业又是写文章，做好 PPT，上台演讲。还是分小组，六人一组，还是我做组长。我说，那好呀，上学期你有经验。

帆把手机里老师出的几个备选题给我看，问，你帮我看看，选哪个好？

我从来都是"平视"的，客观地问，你喜欢做哪个？帆说，最后一个太没挑战性了，我想选第三个，从疫情角度看个人与社会的关系。我说，那好呀。要一起谈谈思路吗？帆开心地说，好的呀，我想她进来的目的也正是此吧。

然后，我们一起商量，个人影响社会，可从正反两方面说，抓一些各行业的典型；社会影响个人，可从制约和福泽两方面说起，也可从国内国际举例来说。然后我问她，小组里你怎么安排？她说了一番打算后，我建议说，虽然几个组员从上次来看不够积极，但你要善于调动积极性，多鼓励他们，也要谦虚点儿，虽然论文框架你已经有了，但一个人的思路总归是有限的，也要发挥团队的力量，也许他们能想到你没有想到的，帆认同地点头。

前两天，我看完樊登的新书《低风险创业》，我俩聊了很长时间。帆在抖音里关注过他，我们就一起聊樊登老师大学里的兼职管理和毕业后的创业，聊他怎么运营樊登读书。我说，帆，你也可偶尔看看这些书，这些管理思想也可能会帮助到你。帆说好的。

这是一种平视，是商量、交流、平等沟通；是尊重、支持、平起平坐。

而俯视是什么？是指手画脚，是自认为能控制孩子，以为永远有力量指挥孩子。其实不是。

我们的孩子将生活在未来，我们的教育不是引导他们回到过去，而是指向未来。我们给的，不过是基于过去和现在的经验的教育，它不一定适合孩子的未来生活。未来取向的教育必须在未知中去寻找，因为孩子一定比我们更适应未来，你不能比孩子更贴近它。所以，放弃自以为是是不是很重要？不要过于推销自己的生活哲理与忠告也是不是很恰当？对孩子过于担心焦虑是不是也大可不必？

我们要有一些敬畏，对孩子，对未来，要心怀谦虚，不要居高临下，因为我们并非全知全能。

前几天，帆在上网课，有些专业知识不懂，我问她你怎么处理，她说，我加了专业老师微信，及时求教呗。她又补充说，我加了每个老师的微信，有问题就请教他们。我夸她，善于利用资源求助，很聪慧很谦虚。

我再三跟帆强调，到大学里，很多事情需要自己处理，自己思考更优良的解决办法，父母在远处，帮不了永远，而且父母也不一定能提供更好的方法。

讨论问题时，我也会强调，我只是一家之言，你可能会有更多其他思路，千万不要把我的想法当真理，我是在不断学习，才勉强可以和大学生畅通对话的；如果不学习，可能说的就是闭门造车的话，徒让大学生笑掉大牙罢了。

我开玩笑说，妈妈只是一名小学老师，指导不了更多的，可以商量，一起头脑风暴，但不能唯命是从，自己一定要有批判意识。

这就是不要俯视，不要自命不凡、夜郎自大。否则孩子如何超越你，去更好地适应未知的未来？孩子如何有力量被托举到更高、飞得更远？

仰视，是夸赞、是欣赏、是敬佩，甚至是崇拜，你有勇气和心胸崇拜孩子吗？

晚上，帆还在自学英语，我会不吝赞赏，哇，你太用功了！看到她认真画了两三天的画，我会夸张地叫，太厉害了！看到她看完《百年孤独》又购了几本书，我由衷说，真是好样的，很多大学生一天到晚刷手机，我家帆在书中沉淀自己。

孩子感觉良好，就更愿意投入学习。大学，是真正应该最努力学习的时候，精力充沛，心中有梦想，身边有优秀的资源，正是心无旁骛可以展翅而飞的时光。

给点仰视，孩子才充满信心越飞越高。

若早知今日

最近听到的几个初中生、高中生案例，我很想说，家庭教育，父母一定要有点未雨绸缪的意识。善于往前跨几步去思考，几年以后，孩子可能需要什么素养；当下不为，可能影响到孩子往后什么不良习惯。

否则，事情当前，要么没头没脑地叫：为何会这样呀？要么悔不当初，没有好好引导，延误了时机，错过了最佳教育期。

比如小学家长，较少想到除了成绩外更应关注学习兴趣和学习习惯；初中的家长，也很少会为青春期的亲子沟通去提前做准备；高中家长只看到高考也不会考虑孩子大学里能不能持续自主学习；大学家长也不会有意去引领孩子工作后非常需要的执行力和沟通力。

未雨绸缪

前一晚，帆有事找我，我正在听一节直播课。我跟她说，报告中有几个观点比较好，明天我跟你分享吧，帆点头。

第二天，她问我。我说，老师谈到职场中的价值思维，有价值思维的人，能把一件很普通的事情做得很出彩，从而获得更多的资源和机会。要创造职场口碑，就要把事情做过头。职场价值等于他人的期待加上内在的需求加上核心优势。

想到帆组织组员们准备论文，给小组五个人分好了任务，我结合报告思想后跟她补充说，你和他们商量后，可以列表格，把人员、任务、要求、评分依据写清楚，带团队，职责清晰，目标明确，便于评估。现在积极锻炼的能力，都可能成为以后你职场的核心优势。小处入手，把事情做好做极致，都可能为以后创造无形的资源和机会。

这是未雨绸缪的引领吗？

前两天，和一对高二生母子爬山。妈妈是我好朋友，孩子愿意和我们一起爬山，我们除了开心说笑以外，总也要能高屋建瓴给他赋个能。

孩子说到网课上得还不错，在家里清静，效率高的，不像学校里，有时分心的事情多。我大大赞叹他，能听到这样说的孩子很少，看来真的很自律。有些同学以前成绩领先，现在若在家不自觉，受干扰多，两个月过去就易落后，自我管理能力强的同学宅家学习反而可以弯道超车。

我感叹，自律才有自由呀。

我们和孩子一起举例。饮食自律，运动自律，身材好，就换得穿衣的自由，想穿什么都穿得下，穿得自在；时间自律，学习自律，努力获得好成绩，换得选择好学校的自由；工作自律，成长自律，换得找到自己喜欢岗位的自由。

可以说，当下自律与否，不仅拉开了成绩的差距，也奠定了以后拉开人生距离的可能。

这不是在指引孩子的未来吗？

早知今日

家长说，高一的孩子上网课不认真听，作业抄袭，整天拿着手机深更半夜打游戏，累了就白天翘课睡觉，饭也经常不肯起来吃。

只是疫情期的表现吗？家长说其实初中时周末就玩手机打游戏，说了不太听，需要父母提高嗓门。现在扯嗓子也不听了，门一反锁家长奈何不得。

手机可以随意玩，整夜也行；课可以不听，学习可以放任；游戏可以打到半夜，饭不吃也没事，家长说了也不理。这样没规没矩的孩子，是一夜形成的吗？肯定不是，冰冻三尺非一日之寒。家长从小就不定规则，孩子随心所欲，小时可以用吼来吓吓，会听；大了，孩子摸透了家长，钢铁不入，怎么也不听了，家长只有干着急的份。

所以，为了孩子成长得有规有矩、有礼有节，小时候适当的规则必须有。不用多，几条就够了，剩下的孩子会去自主发展，用很多的能力和力量来形成他的内部规则。

比如，家长规定孩子要尊重父母，做事负责。孩子如果不好好吃饭，身体会不好，父母会担心，这就不是爱父母和尊重父母的表现；孩子如果不好好听课、做作业，自己的学习就搞不好，这是做事不负责的表现，父母也会不开心，也不是爱父母。

有规可依、有规必依、违规必究，父母也以身作则，那么孩子才有可能成为道理听得进、内心有准则的孩子。现在这个特殊时期，就不需要家长为管不好、管了不肯听而着急上火。

5—10岁是儿童建立规则的重要时期。为了以后不后悔莫及，小学的家长和老师都应该好好费点儿心培育和引领。

皮蹭破以后

和帆一起去爬老鹰山，一路上说说笑笑，谈古论今。

从郑爽说到吴亦凡，从生活现象说到心理学，从个人理想说到现实志愿，从体重说到锻炼与减肥。

"哗啦"一下，帆走在雨后结了青苔的石阶边上，一不留神滑了出去，整个人摔在石阶外的草地上，小腿肚被石阶蹭到了，裤子上沾了泥水，卷起一看，蹭出了几条血红印子。

走着下山，帆感觉到有些辣丝丝地疼。我安慰说，没有大关系的。家里有碘伏棉球，去擦一下，消消毒，应该也不会留疤。

到山脚，帆说，我们还是去卫生院让医生看一下吧，不知道会不会留疤。

我说，好的，让医生消毒稳一点儿。

驱车来到望云社区卫生院，陈医师一看，说，没关系的，我给你碘伏擦一下就好了，三天内不要碰到水。

我问，不会留疤吧？

陈医师说，很浅，马上会结痂，不会留疤痕的。

帆轻松地走出卫生院。

这个时候，一般的家长，会怎么说？

是安慰道，没事了，放心吧。

是嘲笑道，你看，我说没关系的，你还不信，医生说的方法和我说的是一样的呢。

是静静地，什么也不说，安之若素？

我是怎么说的呢？

我肯定道，帆，你关注自己的身体，不随便对待，挺好的。别人无法感同身受，容易马虎，但自己不马虎。

嗯，帆喜悦地笑了。

我推进道，读大学到外面独立生活，也要留心自己的身体，自己关心好自己。

帆点点头。

我不禁想到，小时候稍有不舒服，她就会跟我说，妈妈，你打电话给彩彩阿姨（医生）问问看，我到底要吃什么药？学画时脚难受，她就跟我说，妈妈，你还是带我去医院看看吧。

把自己当回事，是不是应该从身体开始？如果女孩子懂得呵护自己的身、自己的心、自己的精神，别人又怎么会马马虎虎地对待你，甚至不尊重你？

身边多少在恋爱中的女孩、在围城中的女人，太把别人当回事，自己的感受、需求置之度外或退而求其次，换来的呢，是别人不上心、不关心，甚至不以为然、不屑一顾。这样的案例不是太少，而是太多。

到车上，我说，对了，基本的一些感冒药、肠胃药下次可以放一点，带只小药箱去，有备无患。真的不舒服，学校肯定有校医的。解决问题的渠道总是很多样的。最近你要去彩彩阿姨新开的药店帮几天忙，刚好可以学点基本的医药知识，对你的日常生活甚至以后照管自己的小孩，都是很有好处的。

对于我这样契机之下的对话，帆是很赞同的。毕竟，对于知识，对于人生的道理，我们都是虔诚、尊重的。

谁说，对孩子的生存教育、生活教育不是无处不在呢？

孩子就像鸟儿，总要飞出窝，独立飞翔于蓝天的。我们要做的，不是婆婆妈妈地叨不停，不是缠绵悱恻地泪汪汪，不是杞人忧天地空担心。

而是，在点点滴滴的生活中，用我们的智慧，去引导、去渗透，关于生存、生活、生命的种种。一切，为了支持到孩子的独立生活，让他们活得更自主、更幸福。

你是自己的贵人

经常听到家长在说，孩子不愿意读书，特别是青春期的孩子，没有目标，不知道为什么而努力，不想用功，只想玩手机上网，也没有自律精神。

问题里涉及太多，比如，习惯、兴趣、志向、耐挫力、意志、时间管理等。

在这里，我想说点儿另外的。

从小，我们的父母只会提要求，督促、提醒、指责，把孩子的学习责任一肩挑过来，没有引导孩子主动地在自己的内心里逐步树立起警察，自己负责，自己监督，自己为自己买单。我们也很少告诉过孩子，自己才是自己的贵人，想要成为什么样的人，最终不是靠老师家长，而是自己成就自己。

也许我们也不会引导孩子，让别人尊重你，不是光一味付出就可以了，更要紧的是，有才华有能力，再加上有礼有节，才会收获尊重。

可是才华、能力怎么来的呢？无它，唯努力、坚持尔。

读书时，凡是学习上能名列前茅的，绝大多数是认真刻苦、坚持不懈的；工作时，凡是业绩上能出类拔萃的，也莫不是"驽马十驾，功在不舍"的。

高考过后，优秀孩子特别是武亦姝的故事霸屏。这样的孩子，是我们口中的别人家的孩子，不谈也罢。

更多的是我们自己家的或身边的普通孩子，或普通的大人们，谁更吃得起苦，谁更有毅力，谁更会安排时间，谁就往往能笑到最后。

有很多人确实可以拼爹拼妈，资源多得让人瞠目结舌，起跑线上轻轻松松就赢了大多数。可是，奇妙的就在于，人生是一场马拉松，而不是百米赛跑。有一定阅历的人，就会相信，一开始跑得最快的，不一定就是最后拔得头筹的。而且，成功的内涵如此深厚，外延如此宽广，一时一事的得到与收获完全涵盖不了成功与优秀的定义。

　　所有的弯道超车，所有的后来居上，所有的笑对岁月，只是因为，你做了自己的贵人，用自律成就了最好的自己。

　　这些，难道不是我们应该引导孩子的吗？从小给孩子以正确的观念植入，让他们的潜意识里有这样的三观，以后就会像清香一样慢慢渗透到他们的人生中。如果有这样的认知，你觉得孩子仅仅还是为父母、为老师而学吗？你觉得他们会到大学后，感到情绪抑郁，心情迷茫，不知何去何从吗？你觉得他们还会对自己的人生等闲视之，不以为然吗？

　　帆说，我们班的同学真有心。高考前，他们不是谈暑假吃喝玩乐的事，而是在说假期也要学技能。林同学说她要把学过的吉他捡起来，戴同学说要练书法，严同学说要看很多好书和电影。现在，放假了，有的人果然在练本领，好几个男同学都在锻炼身体，每天坚持。

　　帆笑着告诉我，某男生在开玩笑，假期里不把自己整出几块腹肌来，都不好意思说自己是男的。

　　笑过之后，想想帆也是这样，比较珍惜自己的时间。虽然艺术类一段线超出几十分，但帆对高考不是很满意，毕竟参加校考时美院差几分没上线，只能选择读普通大学的美术系。起先她想复读，后来想想风险较大，还是先进大学校园，以后考研，继续深造。找到好的老师，靠自己勤学苦练，去弯道超车。这些天，她除了和同学去旅行之外，在家时间，要么作画，要么看书，要么吹笛子，要么打开手机音乐跳操。自己还去买了一把尤克里里，看视频自学。

　　我赞叹道，你们的三观都很正，珍惜自己的时间，不随波逐流，也不随心所欲。时间是最宝贵的资源，你们在高考完毕的特殊时段，还是能珍惜资源，可以预见你们的大学生活也会理性规划，不忘初心；你们是玉石毛坯，在师长扶你们一程后，剩下的光阴，要依靠自己，把自己打磨成美玉。在某种程度上，你们在做自己的贵人，成就自己。

　　激发孩子自己的成长需求和动力，是我们家长和老师永远要做的功课。

你能看到爱的不同模样吗

爱，有不同的类型，有些爱明目张胆，热火朝天，我们都可以直接感知，就似有的人很会表达爱，我们不用怀疑得到的爱不够；有些爱细水长流，无声无息，我们要用心去观察和体会才能知晓，就像有些人不善于表达爱，总是不言不语，只在行动中悄悄体现，没有火眼金睛，很难觉察；有些爱就比较特殊了，常言说"打是亲，骂是爱"，爱融在指责、批评、高要求里，难听的语言背后全是爱，全是着急和牵挂。可一般的人，当接收到这些以负面方式呈现的关注和爱时，满腔苦恼甚至怒火，丝毫没有感觉到这化装过后显得狰狞而丑陋的爱的模样。

虽然传递出最后这种爱的人的方式我们并不喜欢，可当孩子或成人接收到的时候，能不能清醒而理智地过滤一下，把杂质去掉，剩下纯粹的爱的本质？能不能把化装的那些黑乎乎的东西清洗干净，露出本来的纯真面目？

我们很想让孩子明白这些道理，知道爱的不同模样，可直接告诉的效果不好，没有体验就印象不深。

于是，我就找了一个视频《啥是佩奇》，播放给学生看，在笑声中喜滋滋看完，孩子们谈感受，都说挺感动，这位老爷爷在电话中得知过年要回来的孙子喜欢佩奇，他在手机天线遗失、与儿子失联、不能明确询问的情况下，费尽心思、历经曲折，终于明白了佩奇是一头小猪，就千辛万苦地用铁焊出了一个逼真的"佩奇"。过年时，儿子来带父亲进城，老爷爷把自晒的蘑菇干、枣干等给儿子媳妇，当老爷爷拿出"佩奇"时，孙子的眼睛亮了，全家的眼睛亮了。

爷爷对家人的爱，对孙子的爱，被六年级的孩子看得清清楚楚，因为此时的大家，是旁观者呀！

我抛出了一个问题：爷爷做"佩奇"的来龙去脉、曲折过程，他辛苦地采摘、晒制、积攒蘑菇干、枣干的经过，他会告诉儿子、孙子吗？学生们居然异口同声地说：不会。

那为何不会呢？

孩子们纷纷说，因为，老爷爷不想让子女们担心，为他牵挂；因为他弄惯了，觉得这也不值一提；因为他觉得为子女们付出，特别有价值；因为老一辈总是很低调，不会把爱说出来……

我的问题又来了。那，我们的父母长辈有这样偷偷藏起来的爱吗？或者，还有些爱，藏在指责、埋怨后面，平时还被我们误会了？

孩子们静心思考后，各抒己见：蔬菜不爱吃，妈妈变着花样弄给我吃，还经常会批评我挑食，硬要我吃下去，其实是关心我的健康；有一回在河边玩耍，差点儿淹到河里，很少骂人的爸爸把我狠狠骂了一顿，其实是着急；姐姐大学放假不回来，妈妈恶声恶气说要么以后不用回来了，其实是想念……

原来，爱在大事中，也在细节里；爱在辉煌的时刻，也在平淡的时光；爱在蜜语里，也在恶声中。

我总结道：孩子们，春天，小树要成长，必须要有能量，比如，水分、阳光、空气、土壤等，这样它才能生机勃勃地茁壮成长。人也一样，生命需要能量，情感就是强大的能量之一，包括亲情、友情、师生之情等。有的人，总感觉自己缺少爱，缺少价值，生命缺少蒸蒸日上的热情，就像耷拉着脑袋的有气无力的小树。其实，不是没有爱，是他缺少了去发现爱、感受爱的能力，他只看见了直接表白的爱，感知不到偷偷藏起来或者化装过的面貌难看的爱，却在暗暗自怨自艾、悲天悯人，认为自己没人爱。

所以，会看穿、会感受不同模样的爱，那是强大的能力啊。如果你有这种能力，就绝不会在像前几天的 17 岁男孩一样，在母亲指责几句后，毫不犹豫地打开车门，往桥边一跃而下，留下母亲将一辈子生活在痛苦里；如果你有这种能力，你会体谅到亲人朋友对你的关注，无论是正面还是负面的，都是关心和爱；如果你有这种能力，就会知道自己身边充满了资源，有许多潜在的爱的能量，足以让你的生命焕发光彩；如果你有这种能力，就会充满安全感和存在感，从而有了真正幸福的可能。

教室里鸦雀无声，孩子们神情严肃，这番话，不知能理解多少？

孩子要什么，我们给什么

教育是什么？是适时适地的播种？是当下温暖的感动？是未雨绸缪的引导？是着眼当下放眼未来的良知？

应该都是。

能不能，有这样的敏感和觉知，随时随地、审时度势、与时俱进、随机应变，创设微教育，为学生的生存、生活、发展保驾护航？

记得去年重庆公交车事件发生后，我在二年级道德与法治课上，马上生成了一个微课，再现了公交车坠江的视频，告知了学生坠江的原因——女人错过一站，从位子上冲到司机旁，要求停车，被司机拒绝后，对司机辱骂并出手攻击，司机还击，导致打方向盘时幅度太大，无法控制，撞上小车，冲破桥栏，坠入江中。

在学生的震惊和唏嘘中，我抛出了第一个问题——在这个事件中，女人不守规则，导致了惨案的发生。她违反了什么规则？

二年级学生讨论后，纷纷说，女人不守规则，坐车时，应该乖乖坐在座位上，不应该跑到驾驶员身边去；错过了一站，自己负责任，下一站再下；不应该去打骂司机，干扰司机开车。

有学生提出，司机也不守规则。于是，我们经过讨论达成共识——司机的责任是把车开好，保证乘客们的安全。本应该克制情绪，不予争论，或停靠一边，先解决纷争再重新出发，但他却不顾开车规则和纪律，由着冲动任意妄为。

把问题说透了，我又抛出第二个问题——生活中，有哪些事，我们必须遵守规则，否则，可能害人又害己？

学生纷纷说，比如红灯停，绿灯行，一定要遵守，否则容易出人命；登山时，不能急着往前赶，容易把人挤下悬崖等。

　　我又抛出了第三个问题——如果你在公交车上，你会怎么做？生活中看到有人不守规则，你敢站出来制止吗？

　　这就涉及坚持真理和见义勇为的渗透了，孩子们还小，也许现在他们还制止不了别人，但这样的正直种子应该从小播种，很多事情我们是不能明哲保身的。

　　雪崩时，没一朵小雪花是无辜的；洪灾时，没一滴河水是无罪的。身边生态环境的优化，取决于我们自己！如果你愿意，你可以像一颗火种、一束亮光，去影响周边的人和环境。

　　去六年级上心理课，彼时恰好在阶段性地关注和引领学生交往问题，我就用这个事例，又创造了一个沟通的微课。同理，我再现了公交车坠江的视频，告知了学生坠江的原因。讨论了女人和司机不守规则，害人害己，制造了13人的惨案。

　　我抛出话题，任何事的发生都是有原因的，我们首先来设想，女人是存心寻死并害人吗？学生说那肯定不是的。

　　我紧接着问，她的情绪为何这么激动？孩子们换位思考，得出，女人有可能平时就是情绪暴躁的类型，稍有语言上的冲突，就容易发火；有可能家里遇到了什么事，需要紧急下车赶回去；有可能没听到司机的前一站下车提醒，迁怒于司机；有可能心理受不得语言刺激，一冲动什么都不管不顾了。

　　然后我问，如果你在车上，怎么样运用你的语言，来挽救整车人的性命？

　　经过小组演练，学生们上台来表演，很多学生还是讲道理为主，语言除了刺激到女人让她更一意孤行外，起不了大效果。

　　经过我的引导，大家先试着去共情，最后一个小组在兼收并蓄、去粗取精后就表演得比较到位，只听一名同学说——大姐，错过了一站，你肯定不乐意，没准家里有急事，你肯定很焦急，否则不会到前面去让司机停车。我们能理解你的心情，相信我们遇到你这样的事，也会很急迫。可是，现在在大桥上，紧急停车不安全，你一定会先保障自己的安全，才能接着去想办法亡羊补牢，也一定会考虑到车上所有人的安全。你先回到座位上，不干扰司机开车。等会过了桥，马上到下一站，你赶紧下车，打个车回家，应该能处理好的。你看行吗？这时候，另外几个同学也一起上前，扶住她说着，大姐，我们能理解你的心，相信你也能顾到大家。先回座位吧，马上会到的。如果可以，我们帮你一起拦车吧。

我总结道，不处理情绪，是处理不好事情的，情绪只会越来越大。所以，每个当下，每个人的负面情绪，对她自己来说，是合情合理的。关键是，我们怎么去引导。先同理她的心情，理解她的行为，让她感觉舒服一点儿，情绪流通过去，再提出意见和建议，相信能听得进去。

所以，会沟通，会说正确合适的话，在这样特定的场合，是可以救命的。

这不就是"孩子需要什么，我们给什么"吗？

哪壶不开表扬哪壶

晚自习回来，帆一边做作业，一边说到前一天班级集体叫外卖，有一种奶茶喝了，全班同学基本都到半夜才睡。

我已经不喝奶茶了，一喝就睡不着，心跳加快，看来奶茶里有咖啡因。我告诉帆。

帆说，是啊，我算还好，喝了奶茶还能睡。我们班有几个女同学说不喝奶茶也经常失眠。帆举了几个人名。

我马上把这句话落到了心里。我暗暗想，高考在即，前途渺茫，很多心仪大学是怎么努力也只有望洋兴叹的份，每天盘算点分数还是恨铁不成钢。有些要强的女生只有辗转反侧，看月亮数星星了。

但我没有去强调她们的压力。

我只是夸赞帆，你真的算好的，过程努力，结果洒脱，你有一种难得的豁达。

帆没憋住兴奋而害羞的笑容。

其实我只是运用正面引领而已，或者说罗森塔尔效应，哪壶不开就表扬哪壶。经常明示暗示，孩子就会在你所指的路上前行。

因为过几天有成人礼，前天我写了一封信给女儿，有意在信中暗示：我们最欣赏的是你有一份豁达和坚强。你很执着上进，但你心态不错，有一份默默的刚强。联考发挥良好，但最后成绩却让你非常气愤和不平，也让老师不可思议。你哭了几回，但很快又平静下来，全力以赴投入到美院校考的准备中。校考七八万人里挑一千多人，前路坎坷，但，谋事在人成事在天！天道酬勤，这是真理。做好自己，拼到极致，结果就顺其自然。一个有水平又足够努力的人，一定会笑到最后的！人生长着呢。这个我们已经达成了共识。这不，你又很认真地投入到选考的准备中。做好当下，是你的一份豁达、清醒和顽强。

其实我知道，帆很在乎联考和校考，把这看作自己的命根子一样，说考不好，非重读不可。有执着的理想是很好的，但我怕她过分执着，到时因受到的打击太大而承受不了。人的一生，困难和挫折太多了，无法预料。唯有保持一份灵活和豁达，才能曲径通幽，殊途同归。

就像流淌的小河，前路山腰阻断，就拐个弯，变个道，不吼不叫，不慌不忙，继续前行。

太过执念，太认死理，就像一根干燥的竹子，一折就断，而不是柳条，随风舞动，姿态多样。

所以，从联考校考的情况看，帆离豁达还是有点儿距离的。但不要紧，还有一段相依相随的日子，我可以不断渗透和引领。比如表扬她的豁达，用豁达的人物形象鼓励她。

何谓家庭教育的成功，其实就是，无论孩子以后是辉煌也罢，平淡也好，都能在努力之余，保持一颗安定、平静的心，珍惜当下，开心过好每一天，能更好就抓住机会拼一把，没有机会就安之若素、心平气和。

这个社会发展太迅猛，日新月异的同时也让人变得太浮躁，太急功近利，能在滚滚红尘中保持一份安静和豁达是犹为可贵的，也是幸福生活的保证。

我希望我的孩子能真正把"谋事在人、成事在天"活出来，为一生幸福打下良好的心态基础。

等帆晚自习回来，让她说说今日开心事，然后鼓励她：真不错，选考越近，你调整三门课的复习时间，做出适合自己的选择，每天不多想，只争朝夕，只求实效，这就是一份专注力啊。

有时我说，复习很紧张，你能每天保持微笑，内心好强大啊。

帆说，放假最后一天傍晚要返校，可是上次已约好跟画室同学吃饭了，这可如何是好？

我说，那就晚自习请一节的假呗，难得聚会。一起吃个饭，选考之前估计是碰不到了，互相打打气。请假前几天每日高效地多学一个小时就在了。

帆说，是啊，最近一周我再抓得紧一些吧。这几天晚饭后我效率很高的，同学们都去宿舍洗头洗衣整理了，我就留在教室里安静地复习。

进退自如，张弛有度，洒脱自在，活在当下，很努力，但也不是痛苦地努力，有一份潇洒和平和，这样的孩子，未来的美好会不可期？

吃点泡面怎么了

"妈妈，实在太辛苦了，我都吃了四天泡面了！"

好友从学校接了儿子，到饭店准备大快朵颐时，儿子委屈地叫嚷。

儿子很聪明，成绩也很不错，是学校的重点培养对象。

考虑到男孩子放假回家就是与篮球、手机为伍，自控力比较差，学习肯定是要荒废的。考试完毕，老师就留下了两个很有潜力但不太自觉的孩子，在学校复习提高，攻克稍薄弱学科，家长自然也是举双手赞成。

这不，才补了几天课，高二的男孩子就叫苦连天了。学校里没人，冷清；饭卡找不到了，去不了餐厅买餐，只有到小店买方便面。

其实孩子仅仅是抱怨吃得不好吗？不尽然，同学们都放假休息去了，自己还闷在学校里，手机不着面，篮球没得打，同学聚会不能参加，换谁谁心里还不是钻进了风箱的老鼠——抓狂。

儿子向妈妈倒着委屈，说连吃了七八顿方便面，嘴都要起泡了。说着说着，眼泪掉下来了。

妈妈自然也是心疼的，但想想要考虑到孩子的人格教育，要使自己的语言不拖后腿，起到长远的教育效果，也就没跟着抱怨，只是鼓励他继续坚持，然后想办法解决吃饭的问题。

换作你，你怎么处理？好友事后问我。

我没养到过儿子，只能假设喽，我玩笑着说。

先得做些内心戏。

一是欣慰，家长和儿子的交流基础是比较好的，儿子有情绪，愿意把妈妈当倾诉对象。儿子很真诚，肯讲真话。

二是反思，儿子明显吃不了大苦，这个跟以往的教养方式，对孩子的过多迁就肯定是分不开的，但也不必后悔懊恼。那就兵来将挡，见招拆招，亡羊补牢，家校合力，提升孩子的内心能量。

三是要抓住契机提升孩子的认知，强化孩子对自律能力的客观评估，给予肯定和支持，让孩子看到好的方面，提升优化自我的自信心。这才是起长期作用的教育目的。

正面思考完毕，然后，怎么跟儿子说呢？

首先是理解和共情——孩子，人家放假了，可以轻松了，你还在学校补课复习，确实是很不容易的。再说，学校里没办法好吃好喝，只能以泡面充饥，你一定感觉很难受，有点儿撑不住。妈妈理解你，我愿意听你讲讲这几天的学习和生活。

洗耳恭听孩子诉说完毕后，可以表达自己的感受，提供自己的案例——这种艰苦妈妈也碰到过。我们读初中时，要住校，菜都是自己带到学校里去的，一住就是三天，周三傍晚才回家去拿菜。很多菜容易坏，带不了，家里也没条件可以提供各式的菜，只能带上干菜或咸菜，顶多菜里炒上点儿肉片，数量也是不多的。当时物资贫乏，大家都是这样清贫的生活，谁比谁都好不了多少。所以我们也没有心思去畅想山珍海味，就知道埋头苦学，去改变不努力就可能务农的人生命运。这样的苦确实不容易吃，也是没办法吃，为了更好的自己，只能硬着头皮去吃。

所以，当你的同学开始轻松娱乐、逍遥自在时，你还强打精神坚持坐了好几天的冷板凳，克服生活的困难，认真学习，努力想实现假期的弯道超车。那是一种很了不起的自控力和进取心，妈妈为你点赞。

这样下来，孩子平静了，也基本取得了共鸣，就差不多可以表达引导和建议了——孩子，任何优秀和成功都需要付出比平常人多很多的心血和努力。鲜花很美丽，但你不知它浸透了奋斗的汗水、泪水甚至血水。没有平白无故从天而降的掌声，没有轻而易举唾手可得的成功。欲戴王冠，必承其重。你想要考顶尖大学，当你的能力还撑不起梦想时，就只有刻苦地提升能力和素质，否则梦想就只是幻想，你说对吗？

你喜欢明星，很多现在光鲜亮丽的明星，其实也付出了很多的努力，也是很不容易的。拿周杰伦来说，为了获得唱歌的机会，他接受了吴宗宪的提议，十天内写出五十首歌。于是，他背了两箱泡面回宿舍，把自己关在房间里，没日没夜地写歌，饿了，就来包泡面。天道酬勤，这样努力肯吃苦的人，最后获得了鲜花和掌声，有偶然，更有必然。

吃泡面，虽然我们现在的生活条件不需要这样，我们也有更多的办法去解决学习时吃的问题，但在特定的时候，也照样有坦然的选择。

孩子，愿你有吃大餐的福气，也有吃泡面的勇气。男孩子能屈能伸，内心充满能量，才是前途无量的。你能坚持得了一周，肯定也能坚持得了一月，还有更长时间，为了追逐更优秀的自己，坚持！为你的坚持，我们喝彩！

不说了，赶紧吃点儿好吃的。来，干杯！

坚持不了的究竟是谁

亲戚的孩子疫情宅家期间胖了很多。我们说，需要好好锻炼了。亲戚说，他不爱动，他妈妈叫他走路，他不想走；我让他做仰卧起坐，他做了几天就不愿意做了。

我想，其实不愿意的是父母。

父母不愿意坚持着督促孩子，不愿意放下手机陪孩子一起运动，也不愿意好好动点儿脑筋，孩子到底喜欢怎么样的运动。父母甚至不愿意花一点儿心思去了解孩子的心理和想法。

大人往往是喜欢走路的，一边走路，一边可以聊个天，当作身心放松，也可以听个音频作为学习；可以盘算些事情，也可以胡思乱想。可是一个小学生怎么会喜欢走路，没有挑战性、趣味性不说，自己成绩又不见得多优秀，妈妈又有较强的控制欲和教育欲，陪着妈妈走，那走路就变成创造机会让母亲可以唠叨说教，这种活受罪的事谁乐意干？

父亲让孩子做仰卧起坐，这也是件累人的运动，当然没有一项运动是温柔的。没有竞赛机制，没有鼓励赞赏，甚至没有严格管理，孩子就坚持不了，他说坚持不了，父亲就也放弃了，孩子就乐得轻松自在。

父母在孩子面前，不是玩手机，就是看电视，榜样不好，孩子感受不到运动的好氛围，喜欢运动也是一句空话。

孩子是模仿着父母来学习、生活的。教育更多的不是说，是做出来，让孩子有模仿的样板；教育不是唠叨，更多的是脚踏实地坚持不懈，温柔而正确地坚持下去。

同样是假期里，有两个案例特别正面。

一个是运动案例。同事的女儿，本来挺讨厌体育的，每天一有体育课，她就开始提前担心了，跑步怎么办？仰卧起坐怎么办？可不可以不上体育课？可是这样一个体育潜力生，却在三个月的假期里，在家天天坚持练习跳绳、开合跳、仰卧起坐，而且每天是几组的训练量，最后，长了四五公分、瘦了几斤不说，在学校的云端运动会中，跳绳比赛还获得全校第二名。让人吃惊的背后，自然是父母的力量支撑。一放寒假，父亲每天陪练；后来，父母每天就是陪伴、计时、督促；为了不打破好不容易建立起来的习惯，偶尔有几天很晚了，因学习耽误还未训练过，父母也是照样硬着心肠让孩子训练完毕；为了鼓励孩子，母亲每天把训练的量和照片发朋友圈，得到朋友、老师的点赞，把能量反馈到孩子；而且妈妈穿针引线，让体育名师阿姨与孩子达成口头协议，复学后需要检测，也会奖励，用短中期目标引领孩子。功夫从不会负有心人，孩子从一开始的很被动，到逐步形成习惯，变得较为主动，也从显性的结果中尝到了甜头，运动就慢慢变成自己的刚需了。

另一个是写作案例，好友的儿子，六年级。偶然机会，好友看到孩子同班同学的作文，一比较，发现自己儿子的作文显得很稚嫩，只能算是四年级学生的水平。于是，好友就下了决心，趁着寒假，好好带领孩子练练笔，能长进一些。经过和孩子推心置腹地商量讨论后，孩子也迸发出想提高的动机，于是击掌相约，每日写文一篇。头一个月，孩子我手写我心，想写什么就写什么，能做到文从字顺，言之有物就可。妈妈每日点评一下，以正面鼓励为主，也不给他提太多修改意见。孩子有感触，会自己修改一下。慢慢的，笔开始顺起来，写作的劲头也高了些。第二个月，妈妈有意识地联系了一位优秀的语文老师，先在孩子面前夸赞了这位老师的"厉害"，引导孩子去接受专业老师的指点，孩子也意识到这是个帮助自己的好办法。于是，每日写完，孩子把文章发给老师，老师给予点评指导，孩子虚心接受，认真修改，长进有目共睹。妈妈在得知开学延后起，就和孩子定了个中期目标，就是假期结束，出一本个人作文集。于是，第三个月起，孩子一边写，一边改；妈妈一边点赞，一边帮助输入电脑编辑。等到快开学时，一本厚厚的作文集就诞生了，会画画的孩子自己画了封面，妈妈去印了几本，让孩子赠送给关心自己的长辈、亲人、老师。孩子再一次得到大家的鼓励，也再一次坚定了信心。

所以，不要否认，父母才是孩子的起跑线；也不要否认，坚持不了的孩子，背后往往有一对不能坚持、不会鼓励坚持的父母。

辑五　语言艺术

　　语言是有技巧的，更是有魔力的。家长怎么说，孩子才会听；家长怎么听，孩子才会说，都是非常考验家长沟通能力的。家长审视和净化自己的语言，触动孩子的交流欲望；用语言去为孩子赋能，提升孩子的内在能量，这就需要智慧了。

家长怎么说，孩子愿意听

家庭里，父母很多时候是用语言和孩子沟通，来教育孩子，即"言传"。但是，和孩子斗智斗勇中，能做到气定神闲的父母可不多。

"现在的孩子太有个性，听不进道理。""教孩子真是让人头痛啊，有时除了批评，完全不知应该用什么招？""说了N遍，还是屡教不改，真让人生气。"

家长纷纷向老师诉苦。可孩子呢，也是特别委屈，认为父母不理解他们，说的话不中听，不爱听。

家长是教育者，那么，到底怎么说，孩子愿意听；怎么沟通，孩子能欣然接受呢？家长心中没底，迫切需要我们老师去指点，况且，老师同时也身为家长，也需要学习教育技巧、说话艺术。

一、孩子做错事，批评的话怎么说

1. 不受孩子欢迎的批评说法

一般来说，我们是怎么面对孩子的错误的呢？当孩子学习不理想，事情做得不妥善，或调皮捣蛋时，家长往往脱口而出的是责备、问罪等语言。比如：

> 你连这点小事都办不好，真没用呀。
>
> 经常偷懒，不完成作业，以后会有什么出息？
>
> 你什么都不懂吗？是不是要回到一年级再重新学过？
>
> 你就会编理由，骗父母，真是个不要好的孩子。
>
> 整天和弟弟吵，能不能有点儿像哥哥的样子啊。
>
> 看看人家小明，爱学习，爱劳动，多听话。

或者空洞的说教：不能说谎，要做诚信的人；我们应该做负责任的孩子。

这些都是批评、指责、比较、评判、命令、说教的方式，要么孩子听起来不舒服，心里抵触，不愿意听；要么孩子左耳进右耳出，听了等于没听；要么孩子似乎听了，做出让步，通常也不是心甘情愿的，或迟或早，对方会来反抗我们。沟通与教育效果从长远来看都不理想。

可不可以换种方式，换种语言来表达批评？这里提出四种巧妙的"批评"方法。

2. 受孩子欢迎的四种批评方法

（1）方法一——三明治语言法

顾名思义，就是先说表扬的话，再提出不足，最后来几句肯定的话，让孩子听起来更能接受一些。如想提醒孩子听课不够认真。

家长这样说：孩子，今天你听课时，电脑前收拾得很干净，早早等课开始，挺好；中间没控制住自己，开小差好几次，听课不够专心；但后来还是能认真做作业，不错。明天保持好的，改正不足的，加油。

（2）方法二——简明语言法

就是家长用简单的词语表达，提示，不指责，不唠叨，言简意明，干脆利落，效果良好。

比如：

"你记性真不好，老是不关房间的灯！"可以换成这样说——灯还开着。

"房间的地上怎么有这么多细纸屑，太脏了，谁干的？老是这样？"可以换成这样说——纸屑应该扔到垃圾桶里。

"你总是不长记性，出门忘带钥匙，还忘带自己负责丢弃的垃圾。"可以换成这样说——拿上钥匙、垃圾，快！

简洁的话，孩子明确了要求，能马上行动。

（3）方法三——赢得合作五步法

关于规则的事，解决孩子玩手机，玩电脑、做家务等问题，都可以和孩子商量着决定，孩子觉得你尊重他，能表达自己的想法，他就愿意听你的，和你合作。

这五个步骤如下：

a. 讨论孩子的感受和需求；

b. 说出家长的感受和需求；

c. 一起讨论，找出亲子都同意的解决方法；

d. 把所有的方法都写下来；

e. 挑出哪些方法亲子都接受，哪些不接受，哪些需要付诸行动。

比如，玩手机的规则，可以这么处理：

先讨论孩子的感受和需求——比如孩子会觉得放假时玩玩也正常啊，游戏有吸引力，哪个孩子不愿意玩？再说父母也经常捧着手机，没什么大不了，父母何必老生气呢。不能出去玩，想在手机上玩一会游戏，想看看动画片，想和同学聊聊微信，想在学习之余放松一下也理所当然吧等。

说出家长的感受和需求——比如家长觉得孩子玩得时间过长，不听劝阻，很生气；手机电视看得过多，对孩子眼睛不好，很担心；孩子学习容易分心，对学习更不上心，家长很着急；没有好好利用闲暇阅读好书，浪费了时光，很担忧等等。

大家坦诚交流后，一起讨论解决方法——比如定好学习计划、规划好时间、严格遵守时间安排、学习时认真专注地学习、每天看看课外书、用手机看好的少年儿童电影、每天玩游戏的时间不超过一小时、时间一到马上交还手机给家长或关闭电脑、超过时间就适当扣下第二天的时间、父母以身作则在孩子面前少玩手机等等，定下就按方案不折不扣执行。

教育，就是把孩子当主角，尊重孩子，平等地对待孩子，孩子接收到这份心意，就愿意和你合作。

（4）方法四——爱的语言三步法

爱的语言三步法，指的是这样三步：描述事实、表达感受、说明期望。

概念一：什么叫事实？

事实就是你看到，听到的，是真实存在、真实发生的，事实面前，孩子会服气。

"你总是拖延、忘事儿。""你老是开小差，不认真。"这不是事实，可能孩子一天里忘记了两次事情，这是事实；你老是忘事儿，这就是你的主观评判。孩子一节课里出现四次开小差不认真，这是事实；但你总是开小差不认真，就是评判。评判孩子的性格和人品，侮辱了孩子，容易制造对立，影响亲子关系，也影响沟通效果。

"我们应该做有责任心的人。""我们要好好学习，长大后要有出息。"像这样脱离情境的讲道理是说教，也不是说事实。

概念二：什么叫感受？

感受就是你的感觉、心情。比如开心、高兴、欣慰、自豪、难受、伤心、生气等。说感受能够让孩子与你产生情感连接，引发共鸣。

[**举例一**] 我看到你把客厅里书散落了一地，还有很多纸屑，我很不高兴。我希望你赶快清理干净。

描述事实：我看到你把客厅里书散落了一地，还有很多纸屑。

表达感受：我很不高兴。

说明期望：我希望你赶快清理干净。

[**举例二**] 妈妈在忙家务，我发现从三点到四点半，你一直在玩手机游戏，我很失望。我希望你放下手机，看一下我们定好的规则，说到做到。

描述事实：妈妈在忙家务，我发现从三点到四点半，你一直在玩手机游戏。

表达感受：我很失望。

说明期望：我希望你放下手机，看一下我们定好的规则，说到做到。

会沟通的家长真实地描述自己看到听到了什么，感受到了什么以及期待什么。针对问题，而不针对人。表达的是"我怎样"，而不是指责式的"你怎样"。家长可以生气，但绝不侮辱，孩子就不会反感，就愿意跟着家长走。

二、孩子表现好，表扬的话怎么说

我们仍旧可以用"爱的语言三步法"来表扬孩子。即为：描述事实——表达感受——正面评价

[**举例一**] 你把床铺很快整理好了，妈妈很欣慰，你动手能力很强。

描述事实：你把床铺很快整理好了。

表达感受：妈妈很欣慰。

正面评价：你动手能力很强。

[**举例二**] 你今天耐心地给弟弟喂饭，妈妈很高兴，你对弟弟很关心，做好了哥哥的榜样。

描述事实：你今天耐心地给弟弟喂饭。

表达感受：妈妈很高兴。

正面评价：你对弟弟很关心，做好了哥哥的榜样。

这样的赞赏，既是看见，更是引领，孩子会变得越来越棒。积极地寻找孩子做得好的细节，赞赏和鼓励孩子是需要家长付出耐心和努力的。

三、孩子有情绪，安慰的话怎么说

1. 不要急于建议

面对学习、交友、做事、玩耍，孩子难免会有情绪低落的时候。每一种情绪都是合理的，对人都有正向作用，但很多家长好像见不得孩子不开心，马上就讲道理提建议，想尽快打消孩子不好的情绪。可往往于事无补，孩子会觉得父母没有"看见"自己，不理解自己，反而多添了一肚子闷气。

其实，当孩子心情不佳时，家长最好能理解和接纳，恰当地回应他们的感受，而不是一开始就建议。

2. 恰当回应感受

家长要学会感同身受，就是站在孩子的立场去感受，让孩子知道你懂他（她）。沟通时，爸爸妈妈可以这么说，去回应孩子的感受：

"今天真是辛苦你了。"

"这件事的确让人不大愉快！"

"在那样的情况下，真的难为你了。"

"我知道你现在一定很难过。"

"换作我也会很生气。"

"玩具被弟弟摔坏了，换谁都会很难受的。"

"作业有点多，确实让你感到烦恼。"

3. 多层次共情

[举例]孩子哭着说："我的小猫找不到了，我难过死了。"

感受层次的共情：你喜爱的小猫找不到，你非常伤心难过。

观点层次的共情：你觉得你应该照看好小猫，不应该让它走丢。

期待层次的共情：你希望小猫不要离开你，还能回来。

渴望层次的共情：小猫离开你，让你感觉爱的失去，你想要爱和安全感。

你能从多个维度理解孩子，会让孩子充分感受到自己是被接纳、被尊重的。

4. 最后正确引导

[举例] 孩子说：数学课真没劲。

性急的妈妈马上想纠正孩子的认知，说：数学课怎么会没劲呢，好好听，学好数学，才能变成一个聪明孩子呀。

把天谈死，就是这样的。马上否定和建议，孩子觉得你根本不理解他，你认为他说得不对，孩子就不想和你说下去了。

如果妈妈说：噢，你觉得数学课很没劲。我感觉你有点沮丧。（注意，这里在回应孩子的感受，孩子会觉得你理解他，你可以继续追问）是为什么没劲呢？

孩子可能会说：老师讲得太多了，我早就会了，我想多做点儿题目。

倾听后的妈妈就明白情况了，这时可以适当建议了：噢，原来是你早就听懂了，所以会有点儿烦躁。你觉得老师可以精讲多练，也许老师多讲讲难点，是为了让你们可以做得更顺手呢。下次，可以向老师建议一下呗。

这是先回应感受，后提出建议，孩子情绪平静下来，就会接受引导。

关于说话，必须要说明的是：

沟通的主要元素中，内容占 7%，语调占 38%，身体语言占 55%。沟通不取决于你说什么，而是取决于你怎样说，阻抗往往来自亲和感的丧失。

语调很重要，同样的一句话，就因为语气不一样，听的人感受就不一样。

"好好宅在家，为社会做贡献。"这句话，平静，亲和力强。

"怎么搞的，好好宅在家呀，为社会做贡献才是。"这句话，感觉在埋怨和指责对方。

所以，父母保持自己情绪的冷静，好好说话很重要。

四、不用口头语言，肢体语言怎么"说"

身体语言主要包括眼睛的"看见"，耳朵的"倾听"和身体的动作。这些身体语言都能很好地表达出对孩子的支持、鼓励与爱。

1. 眼到

人人需要被关注，眼睛是心灵之窗，对话时温和地注视着孩子，会让孩子觉得家长重视他。特别是表扬时，倾听时，安慰时，要好好看着孩子说。

2. 耳到

倾听是沟通的前提，家长好好倾听，能给予孩子及时的安抚和理解。

"孩子，你看起来不太开心，能和爸爸说说发生什么事了吗？"

"孩子，今天在学校里和同学有什么好玩的事吗？"

"孩子，你和同学吵架了，我理解你现在肯定是伤心的，妈妈愿意听你讲讲来龙去脉。"这样关切而真诚的话语，加上家长耳朵真正到位，孩子就会打开心扉。

良好的倾听意味着，放下已有的想法和判断，一心一意地体会孩子。不论孩子以什么样的方式来表达自己，我们都可以用心地接纳，用心体会其中所包含的感受和需要。

家长不胡乱评判，不把话堵死，孩子就愿意把情况告诉你。如果说最好的教育方式是讲故事，那么最好的沟通方式就是倾听。倾听对方情绪感受的表达，倾听对方对事情经过的描述，我们要做会倾听的家长。

3. 肢体到

我们可以怎么做动作来表达爱呢？

爸爸妈妈伸出大拇指，孩子得到勇气；和爸爸妈妈击掌，孩子得到认同；爸爸妈妈轻抚孩子的头，孩子知道爸爸妈妈的爱时刻都在。家长的举手投足往往对孩子意义深远。

美国人类学家在研究人与人的沟通时发现，孩子在表达情感时，更偏重使用身体语言，抱一抱，亲一亲，一个赞赏的眼神都是孩子需要的。

所以，家长要学会善于用身体语言表达自己对孩子的爱。

当然，关于表达情感的各种姿势、动作，家长可以尽量地发挥想象力。

亲子沟通的关键还是在于父母。美好的话语不仅仅让孩子从父母那里得到力量，父母自己也能感受到孩子温暖的回馈。

愿我们家长和老师都不断学习，都能成为亲子沟通的高手。

如何处理孩子的负面情绪

因为成长环境不同，每天遇到的事情也不同，很多孩子会产生很多的负面情绪。

一、孩子的负面情绪没有对错

可以有负面情绪吗？

很多人都有这样的体会：从很小的时候起，我们便受到教导，某些情绪，例如愤怒、悲哀，是不应该有的，若有此情绪必须马上去除，并且不能表露出来。

其实，每种情绪都有其正面价值：不是给我们一份力量，便是指引我们一个方向。例如：愤怒是给我们力量去改变一种不能接受的事实；痛苦则指引我们找出方向，摆脱威胁；恐惧则让我们去关注自己、保护自己；悲伤让我们从失去里取得力量，更珍惜自己仍然拥有的。

情绪没有对错，它是一种能量，如果内在有许多情绪没有处理，就会累积起来，对身体产生伤害，甚至行为也会出现偏差。

二、很多家长处理不好孩子的负面情绪

当看到孩子有情绪，如抱怨、生气、委屈时，家长往往觉得很有压力，常用的应对方式是：

命令型——别再抱怨了！

警告型——你再说，我就让你出去！

说教型——男子汉么，心胸开阔些。

责备型——你怎么每次都这样？有什么大不了的！

嘲笑型——你的表现让人发笑。

惩罚型——再吵就打你！

安慰型——算了，别哭了，明天就好了。

转移型——别想了，我们说点儿高兴的事吧。

冷漠型——爱哭你就一次哭个够吧！回头再跟你来说！

像上述的回应方式，让孩子觉得：自己的情绪是不合理的；感觉不被理解；感到缺乏能力或自卑；感觉不被大人接受。长此以往，就会形成沟通障碍。这些障碍，也极大地影响了亲子关系。

孩子周末时向妈妈抱怨作业太多。

妈妈这么说："有什么多的，认真做一天就可以做完，你不要为自己的拖拉、懒惰找借口了。抱怨解决不了问题，赶紧做吧。"

妈妈又指责，又说教，孩子的负面情绪很难一时削减，感觉一定非常不好受。

当孩子处于强烈的情绪中时，他们听不进任何人的话。他们也不想听任何意见或安慰，也无法接受任何建设性的批评。他们希望我们能够理解他们心里在想什么，希望我们明白在那个特别的时刻他们的心情。

情绪没有对错，但需要家长正确应对和引导。

还是刚才的例子，妈妈如果这样说：看起来家庭作业让你烦恼。两天时间这么些作业确实有点多，需要大量时间去做，我理解你的心情。

这样，妈妈就做得比较好——尊重孩子，控制情绪；理解孩子，表达共情。

让孩子感受到温暖、温情和安全感。

三、怎样帮助孩子处理负面情绪

处理负面情绪有办法——先跟后带四步走。

第一个步骤接受，直截了当地说出你看到的在他脸上流露出来的情绪。接受的意思是说，我注意到你有这个情绪，并且我接受有这个情绪的你。

当孩子感到自己情绪被注意、被接受、被尊重时，感觉就会好起来。

第二个步骤是分享，先分享情绪，后分享事情，让孩子平静下来。

"那一定很伤你的心，是吗？""那一定非常尴尬，对吧？""你肯定很难受。""你确实会很生气。""你感到委屈。""你沮丧极了。""这件事让你害怕。""对你来说真是糟糕的一天。"这些话都是在分享孩子的情绪。

情绪感受未曾处理，直接谈事情不会有效果，只会让孩子的情绪更大。

孩子的情绪被看见、被尊重，负面情绪很快会流通，会削弱，才可以冷静地说事情，从而有接受引导和建议的可能。

第三个步骤是肯定与引导，因事情而产生的情绪及内心动机总可以被肯定，但可以引导孩子思考一些较为恰当的方法来处理负面的情绪。

第四个步骤是策划，与孩子一起讨论解决问题的一些方法，鼓励他自己解决问题。

举两个例子。

例1：小刚的弟弟抢了小刚的玩具，劝说不听，弟弟还故意扔几下玩具，小刚很生气，推了弟弟一把，把玩具抢回来。

爸爸看到了生气的小刚，接受——我看到你有点儿生气，愿意和我谈谈吗？

分享——和弟弟吵起来，那一定很伤你的心。是吗？弟弟不守规则，又糟蹋你的玩具，你肯定生气。你能把前因后果跟我说说吗？

引导——你对弟弟抢走你玩具的行为很生气，我理解你的感受。但你推他就不对了。你想现在他哭了，这样，你们便不能很好地玩耍了，对吗？

策划——刚才弟弟走过来时，你要怎么说，他便不会抢走你的玩具？为了避免你不在时别人拿走你的玩具，你可以想出多少种办法？

例2：小兰傍晚练篮球时眼睛被同伴撞疼了，去医院看了并涂了眼药水，晚上回家跟妈妈哭诉说很疼。

妈妈是怎么用先跟后带四步走来引导小兰委屈的情绪的呢？

接受——妈妈紧紧抱住她，足足有好几分钟，轻拍她的肩膀，说："嗯，孩子你受苦了。"

分享——妈妈说："你眼睛很疼，心里也肯定很害怕，妈妈小时候也被撞过，又痛又难受。"

引导——医生检查过了，你也已经涂了眼药水，你都很配合。明天应该会好点儿。睡前可能还会隐隐作疼，你能忍住吗？

策划——我们想一想，怎么做可以让眼睛少些疼痛，可以恢复得更快些？要继续练球的话可以有哪些方法让自己更少受伤？

家长如果能这样正确引导孩子的负面情绪，就能给孩子树立榜样，让孩子做好情绪管理，提高沟通能力。

有些话真的吓了一辈子

女儿大约是学习太累了，下午她电脑里做了会作业，躺到了床上。

我去叫她时，她正头朝里睡着。我扳扳她的身体，问她要不要吃点心，她说不想吃，想再躺会。

我突然笑着说，哎，你脸朝外睡，我跟你说件事。

帆也突然笑了，转过脸来跟我说，妈妈，你在我小时候大约说过一句话，不要左侧卧，否则会压到心脏。每次左侧卧，我都有种要压坏了心脏的感觉，连忙换成右侧卧，现在已经形成习惯了。

我很惊讶地把要说的事也忘到了一边，一个劲说，有这样的事呀？

那是肯定有这样的事。说者无意，听者有心。何况是一个小小孩，一个全身心相信父母的小小孩。

父母无意间一句话，就让孩子成了一辈子的行为准绳，甚至是一辈子的惊悚。

小时候，我非常怕黑，怕走夜路，怕想象中的鬼魂。小学初中时到同村同学家玩，有几条路晚上是绝对不敢单独走的，因为知道那几条路上有几户人家有已故人。

哪怕现在理性思维可以胜过感性思维，依然会这样，因为黑暗而浮想联翩。

于是，我知道，小时候抱我的长辈中，一定有人在夜晚时因为我的哭闹或其他而用鬼神什么惊吓过我，我的潜意识里留下了烙印。

但是还好，是这些无关痛痒的话语和事情，而不是对外貌、能力、价值等的负性评价。

那如果是这样的话呢？

——你长得丑死了！

——你是个没用的孩子！

——你不会有出息的！

——你只会让父母失望！

——女儿再强有什么用！

如果从小在孩子心田里烙下的是这样负面的话语呢？一辈子让孩子无助和惊悚的是——我不够好，我没人喜欢，我没用，我不配得到。

怀有这样一些负性的自我概念，一些人走向自毁，真的让自己成为一个无能和无价值的人。一些人会获得成功，但是他们却依然得不到快乐和幸福。因为，一个认为自己无价值的人，会觉得自己不配得到这一切。

多少孩子，要用一生的时间，去寻找真正的自我，去学着接纳自己，学着让自己觉得有配得感。

人本主义心理学大师马斯洛在整个少年时代，一直为自己瘦弱的身材和难看的大鼻子而羞愧。有一次在家庭聚会上，他父亲顺口说："难道亚伯不是你们见过的最丑陋的孩子吗？"这句话深深刺伤了马斯洛的心，以至于在随后一段时间里，他乘车时都躲避着别人的目光，平时走路都垂着眼睑以免和别人的目光接触。他曾说，"我异样地感觉到，我是一个非常丑陋的年轻人。在我的记忆中，我从来没有任何优越感，只有一种强烈的、令人痛楚的自卑感。"

有个女孩，现在已渐入中年。从小被重男轻女对待，八九岁年纪就已经对家务劳动轻车熟路，能照顾全家了。长大后，也是一副要强的模样，对老公、对孩子控制很多；对外人，和蔼可亲热心肠，却多次在与我交流中表达出痛苦、无奈和自卑。她最终因不断增加的体重而开始爱惜自己，直面自己因从小被轻视、被不喜欢而形成的低价值感，开始走上自我接纳、重塑自己之路。

你看，一句"女孩子有什么用？"让一个女人艰辛地活了小半辈子。

身边，父母总是对孩子有各种各样的负面评价，有的父母在当孩子的"差评师"方面简直是天才，总是能精准地捕捉到孩子的缺点并能精确地表达出来。好像不这样及时打击的话，孩子会骄傲地飞上天，别人会以为自己做父母的不会管教似的。

注意我们的语言吧，有些胡乱评价的话，真的会吓孩子一辈子，甚至害孩子一辈子。

给孩子赋能，怎么做

我在听微课，帆过来，把跟老师的对话翻给我看。她把论文的思维导图写在纸上，拍给专业老师，向老师虚心请教，希望得到老师的指点。老师很高兴地给她留了很多条语音，我也逐条听下来。老师肯定了她的思路和框架，也补充了不同的视角和操作方法。帆又把她在六人团队里发的信息给我看，她发了起先的和修改后的构思，然后发了老师的语音，让大家一起思考完善。大家觉得可行后，帆分配好了任务，让大家认领，没认领的她就指定，并说明寻找资料的要求。

我马上给她赋能：帆，你做得很好，会在事前积极地与老师沟通，得到专业人士的意见和建议，以补充完善，奠定事情做得更好的基础。团队内，会民主讨论，你也善于倾听，并妥善分配任务，明确要求，这是思考能力和领导能力的体现。无论是在大学，还是日后在职场；无论是打工服从别人，还是做领导带领组织，或者是自己创业，有两种能力必不可少，一是过硬的业务能力，二是出色的管理能力。

我继续添油加醋，麻油铺天盖地浇下去：我家帆思路清晰、谦虚好学、不怕吃苦，善于沟通交流，情绪稳定，日后定是一块好料。

其实，孩子或许并没有做得这么好，也可能没有意识到自己所做事情的深远意义，甚至一开始内心可能很想像组员们一样省心地服从安排就好了。

何况，只要持续走在积极进取的路上，日后成不成好料那只是个结果。谋事在人，成事在天，不必去执着最后的盖棺定论。

但大家想想，我这样一说，既肯定了孩子当下所做的事情，也提炼了背后她的素养品质以及可以努力的方向，孩子受到肯定，得到鼓舞，也明确了方向，更是坚定了信心。

这样的语言，不就是在给孩子赋能吗？让她斗志昂扬、信心满满地去学习、做事，获得一次次良好的成功的体验，不断提升能力，习得本领。

作为想助推孩子的父母，我们又何乐不为呢？

赋能时，往往既看到了孩子做事的结果，也看见了 ta 做事过程中的付出，引领 ta 认识了一分努力一分收获的因果，说的话语往往是真诚、关怀、鼓励的，于是，此时的孩子催产素分泌多多，因为 ta 感受到爱，心情愉快。而且大量分泌睾酮而不是皮质醇（压力激素），感觉充满信心和斗志。

一个人最佳的状态，就是睾酮高、皮质醇低。睾酮含量越高，说明这个人越有劲；皮质醇含量越高，则反映出这个人压力越大。睾酮的分泌，能让人提升自信心和学习工作动力。

我们的家长，真愿意给孩子赋能吗？

真愿意的话，为什么孩子一做错事就恨铁不成钢，出言不逊？

真愿意的话，为什么总是人前人后抱怨孩子这个不好那个不好？

真愿意的话，为什么孩子处于中考高考前的节点期，不是减负而是加压呢？

真愿意的话，为何就是不肯说点鼓励、支持的话语让孩子感觉良好呢？

脱口而出的话，往往就是评判的、指责的、抱怨的、唠叨的、不信任的语言，这样的话，只会把孩子弄得精神紧张、垂头丧气，拉低了能量，而不利于激发学习动力。

有位高三孩子宅家学习，孩子是个自尊心极强的人，有目标，但成绩不是特别理想，父母怕他松懈、不认真，把焦虑投射给了他，经常会说，你是个男人啊，自己的前途要把控啊，高考考不好，人生也没出息了。

孩子一气之下，差点儿离家出走。

最近，其实初三、高三生在父母眼皮下学习的压力也是不小的，开学未定，前途未卜，但凡有点儿上进心的孩子，内心不免是焦虑而恐慌的。有些抗压能力不够强的，自己已是牢牢抓着百把斤担子不肯放下来了。可是，从小又没吃过苦，挑担的能力又不强，这时，我们再念叨，再数落，再威胁，于孩子，又是加担子，稚嫩的肩膀就往往扛不住了，内心的皮质醇（压力激素）也会过量分泌了，冲动的话或行为也跟着出来了。

在这样特殊的时期、孩子特殊的处境中，我们能给孩子赋能吗？比如：

——孩子，不要慌，有困难说出来。我们理解你，记住，家永远是你温暖的港湾。

——孩子，看得出你最近很用功，但总是关在家里，状态不太好，适时去楼下打打球，放松放松吧。

——孩子，我们感觉关于时间管理，昨天你就做得非常好，有条不紊，再加油啊。

——孩子，我们知道你也想读好的学校，有想法肯定是好的，让心静下来，尽己所能，无论结果怎样，都问心无愧。人生路长着呢，只要像你一样坚持，一定不会差的！

……

像这样，适当为高压孩子松松绑，卸卸担；及时表达理解与支持，关心与包容，握握孩子的手，拍拍孩子的肩膀，甚至抱抱孩子，用语言、用行动为孩子赋能，孩子才能充满能量，精神抖擞，轻装上阵。

抓住沟通中的教育契机

关于交正能量的朋友

上周日去参加联考，住同室的是个高复生。她对帆说，去年我都是跟几个女生在一起，整天听到抱怨，阴气太重，所以考不好。今年经常跟男同学在一起，感觉人都阳光起来了，估计运气会好一些。

我听郦帆笑着说完，附和道，是啊，帆，我们要交正能量的朋友，要跟优秀的人在一起。看一个人怎么样，从她交往的圈子和交往的人中可见一斑。物以类聚，人以群分呀。所以要选择和有目标、有能量的人同道而行，相互学习，共同进步。否则，磁场不同，会相互拖后腿。

郦帆点头表示赞同。

关于脚踏实地拼实力

郦帆联考完毕，回到家，跟我絮絮叨叨说起考场事项，素描如何，素写如何，色彩如何，还跟我估了分数。总体感觉说是正常发挥，还算可以。

想到上回她选考完毕，本来很有信心的政治遭遇滑铁卢，很沮丧。地理也预料之外的有难度，考得很没把握。跟这次联考回来的感觉截然不同。毕竟，画画是帆的强项，而且踏踏实实训练了那么长时间，没有侥幸，没有临时抱佛脚。而选考的科目，今年才学了三个月时间，可以说是考前恶补了课，用功了一下，凑运气的成分很大。

我觉得这刚好是个教育契机，便回应说，对啊，你在画画上是领先的，凭实力应考，只要试题正常，你就心里有底。可是，文化课考试下的功夫还是太少，做题不多，就容易忐忑不安地碰运气，考完很难有把握地说发挥不错。归根到底，读书还是要下苦功，拼实力，让自己成为真金，就不怕不发光。接下来的生物，看来是要见缝插针多复习，多一分努力，才多一分把握，对吧？

郦帆毫不犹像地点头。

关于用感恩的心去积极学习

郦帆要重点复习生物了。由于画画集训，今年才读了三个月书，有两个月复习政治、地理，对付选考。生物好多没上过，落后一大截。再说她一贯不太喜欢生物，联系了补课老师后，我们商量了一下后面的安排。

看帆好像有些畏难甚至无奈的模样，我觉得应该好好鼓励一下她，让她信心满满投入复习。

我说，帆啊，你画画特别自律，特别有意志力，我很佩服。如果我们把稀缺的意志力比作一块电池，每次消耗完就得快速充电。这里有个规律是，做自己喜欢的事，很投入，感觉时间悄悄流逝，意志力消耗不用多，就像电池费电不多，可以很长时间不充电。就像你画画，很喜欢，很投入，这么多日子，从早上八点画到晚上九点半，回家还要画到十一点多，可是你从来都没叫苦叫累过，因为那是你的梦想、你的兴趣。

由此推导，不喜欢的事，如果不得不做，就像复习生物，那就得找出正面的动机和要素，比如，能考验自己的自律能力，能让自己多学一点儿东西，能让自己离梦想更近一些。假装着喜欢，慢慢就真的投入进去，从而真正喜欢上了，从而让自己在复习时可以减少意志力消耗，让自己不那么累。

帆用"嗯"表示首肯，让我接着说。

于是，我又道：而且，我们也必须怀着感恩的心态去复习，这么一门课，你稍微学得认真些，多争取几分，就能让自己实现梦想，以后有更自由、更自主的生活，多么好。很多已经错过美好年华的人，就是想复习去高考也没机会了。我们好好学，凭借着六门课，能去敲开心仪的大学的门，它们就像我们过河的桥、飞行的翅膀，有什么理由不去感激它们，从而分秒必争地去学习它们呢？

我笑说，我看你每天得供菩萨一样供着生物，每天默念十遍"我爱生物"，爱出者爱返嘛，我觉得它也会回报你的。

帆乐不可支说，倒也是的。

　　当然，这样的契机教育，要在两个人很好的沟通基础上，很融洽的谈话氛围中进行，一切水到渠成。让孩子感觉到理解、信任，你也及时换位思考，没有强加，没有灌输，是分享，是引领，是优化认知，是让人打开眼界，是让人站高望远。如果孩子理解这些，她就根本不会排斥你看似长篇大论的言辞。

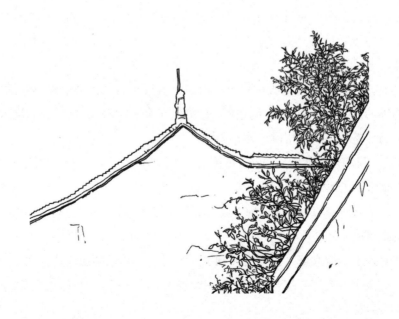

说我爱你，孩子

"楼老师！楼老师！"复学后，第一次在102班上课。一进教室，小家伙们边呼唤着边像小鸟一样飞过来，有的拉着我的裙子，有的抱着我的手臂，有的叫着，楼老师，终于看见你了！楼老师，我好想你啊。有的索性靠在我身上不肯挪步。我要拷课件，却在热情的汪洋里沉溺而腾不出手脚来了。

我就顺从地站一会儿，宠溺地笑着，嘴里应和着。

心里有暖乎乎的东西升上来，我望向窗外，阳光像调皮的孩子一样跳跃在树头枝叶上。春天多么美好，孩子们多么美好！

孩子就像春天，纵情而痛快地表达对这个世界，对喜欢的人的爱，简明干脆，直抒胸臆，不会因为这个世界和世上的人难以捉摸而含而不露；不会因为可能会没有相应回报而前思后想；不会因为你爱不爱，而放弃自己的绽放和表达；不会因为你藏着掖着，而收敛自己的那份灿烂；不会因为你的一时嫌弃，而暗自枯萎与衰败。

其实，我们多少次讨厌过春天，比如，流行病毒，比如乍暖还寒的气候，比如绵绵的阴雨，但是，她不是满腔热情地在合适的时间，奉献出姹紫嫣红，昂扬出满目苍翠，捧出樱桃，捧出桑椹？

其实，我们多少次埋怨过孩子，比如，调皮捣蛋，三心二意，屡教不改，但是，他们不是依旧紧紧跟随我们，无怨无悔爱着我们？

只要你有一点点儿耕耘，种子就在春天里勃勃生长；只要你有一点点儿爱，孩子就眼睛放光开心不已。

"对孩子不能太好，否则会爬到头上来。"有的老师偶尔这样说。

"对孩子不能掏心掏肺太多，否则会被宠得一塌糊涂。"家长经常这样说。

　　可是，老师、家长们似乎有误解，严厉一定是爱吗？爱就是没有规矩吗？把爱表达出来就会宠坏孩子吗？

　　爱是正面管教，规矩若在，可以不打也不骂。

　　爱是大胆表达，不计回报，应该不藏也不掖。

　　像孩子一样把爱畅快地表达出来不好吗？就像春天，茂盛得让你醉心，蓬勃得让你感动。

　　特别是我们做家长的，行动上这个包办，那个心疼，但嘴上流出来的，却是嗔怪，却是指责，却是牢骚抱怨，却是把爱意深藏。

　　把该做的事还给孩子自己做，该尽的责任引导孩子自己尽，但我们的嘴上却能真诚地涂上点蜜，让爱意弥漫在亲子之间，是不是很好？

　　"哇，我家女儿真会动脑筋呀，很会处理事情呢。"孩子顺利完成一个任务，我表白。

　　"孩子，妈妈爱你，不为任何事转移。考试成绩不理想，说明进步空间很大，妈妈愿意帮助你。"孩子遇困难，你表白。

　　"你的表现很好，爸爸为你骄傲，爸爸永远爱你。"孩子获得突破，他表白。

　　"你出外学习的日子，爸爸妈妈是很想你的，但我们为了自己的理想各自努力，各自安好。"孩子在外学习，她表白。

　　让我们大胆说出，孩子，我爱你！就像孩子小时会表达的，爸爸，妈妈，我真的好爱你们。

　　爱，才让我们信心满满，如释重负，安全而坦荡地前行。

　　让我们向春天学习，向孩子学习。

辑六　家长咨询

不识庐山真面目，只缘身在此山中。今天的孩子，面对的时代、心理的发展都异于父辈；今天的家长，面临新形势、新问题，个体教育的困惑层出不穷，急切需要一个方向甚至一个答案。

为何整天尿裤子

怎么办呀,孩子读一年级后,频繁地在学校里把尿尿在裤子上?亲戚很着急地跟我说。

身体有不良状况吗?我问。

去医院检查过了,微量元素什么的指标都查了,都是正常的。

读幼儿园时有这样的现象吗?亲戚说基本没有。

亲戚又猜,会不会是心理方面的因素导致的?

我说,不要急。身体知道秘密,我们先找原因,试着解读一下大致的心理状况。

读一年级后,如果孩子比较焦虑、恐慌,压力有点儿大,沟通又不顺畅,再加上怕羞,要面子,就容易出现这样的事情。

第一,孩子刚上一年级,一般都会比较紧张。学习任务跟幼儿园不可同日而语。光是拼音的拼读不可谓不难,什么三拼音把很多孩子都难倒了。晚上回家作业都得做好一会儿,亲戚自己也是老师,每天晚上要陪读到很迟,很多时候还有额外任务给孩子。

第二,孩子爸爸不在家,爷爷奶奶也是重视学习的,肯定经常也在说,书一定要好好读,做优秀的人,因为孩子的奶奶特别要强。

第三,碰到的班主任老师非常负责,七八个教师子女都放在了这个班,班主任的压力也可想而知,这么多双眼睛虎视眈眈于她的教学成效。纪律抓得严,学习抓得紧,那是肯定的。小孩子心有戚戚,上课不敢举手上厕所,下课又容易忘记去。

第四,孩子本身脸皮薄,缺乏安全感,特别想让人关注。有客人去她家,妈妈和客人话讲得多了，她和小朋友玩着玩着就心灵受伤了，在哭鼻子了，妈妈就很自然地去哄她，奶奶也很急切地去安慰她。她也顺利地把大人的目光拉到了她身上。这样所谓的"道地大王"，在一个优秀的班级里，想受关注肯定如愿得不够，心情难免也是紧绷的。

第五，小孩子的学习强度大了，身体就相对劳累了。

综上所述，小孩子尿裤子也许就不足为奇了。

我建议亲戚做这样的努力。

一是家里创设和谐宽松的氛围，多聊聊开心事、新鲜事，缓解初入小学的紧张感。作业不要布置太多，注意孩子的身心负担。

二是不要天天督促孩子关于在校小便的事，容易引起负强化。就当作没发生过这样的事，说起来也必须云淡风轻的。每天拎着干净的裤子去学校，就像拎个便当一样自然，不要太多引起女孩子的羞耻感。

三是跟老师联系，让老师跟孩子去约定，上课感到尿急，随时可以走出课堂。下课若有尿出，赶紧到老师办公室拿裤子，去厕所换掉，再放到老师办公室，以掩人耳目，下课提醒孩子去洗手间。

四是鼓励孩子提升自信，打开心胸，多交朋友。

五是去中医那里看看，贴点中药贴，调理一下肝肾脾胃，配以每晚的按摩，以强身健体。

亲人带着孩子去了中医那里，又跟老师多次联系。一周过去了，亲戚跟我反馈说，情况好多了，以前频繁尿裤子，现在只是偶尔了。

让我们问问为什么

很多时候，我们只会问怎么办，却从不问为什么。

忙得晕头转向的那两天，小毛老师再三联系我，让我抽点儿时间，见见她班上小李同学的家长。

她把大致情况跟我在微信里提了一下，说这位读二年级的小李同学，脾气特别犟，不能批评，一批评就可能踢凳子；情绪上来时，也容易和同学起冲突。但平时还是与人为善，与同学相处也还不错，人也聪明。感觉他的问题是情绪控制能力太差，怎么办？父母也不知道怎么引导孩子。

中午有半个多小时的空闲时间。小李的父母匆匆赶来，一落座，就陈述了小李脾气硬、不听管教的表现，还顺带抱怨几句。

问题孩子背后肯定有问题家长和问题教养方式！

可太多的人，只知道抱怨孩子的现状，他们却不知，家长才是上游，才是问题的源头甚至制造者。

最大的问题是，他们永远云山雾罩，身在此山不明就里，永远问的是怎么办，而不是追根溯源、刨根问底，问问为什么，找出原因，对症下药。

他们眼巴巴等我说教育儿子的办法。

我说，问三个问题，我们一起先找原因，再寻对策。

第一个，我猜测，小李小时候是否由老人带？父母答，是的，外公外婆加保姆带，比较宠。

第二个，从小孩子记性好？脾气大不大？要么不做，做起来很有热情？父母说，是的，从小脾气就倔，自尊心强。小毛老师补充说，孩子记性好，聪明，投入做事时热情很高。

第三个问题，父母两人中有人脾气不好？看他不满意是否常常会责备？母亲很实诚地说，我脾气不太好，他习惯差、做事不认真时控制不住要骂他。

再稍微细致地就三个问题询问了一番后，原因差不多理出来了。

我说，我们这样来推断，孩子从小受宠，心想事成，没有很好地学会遵守规则，学会控制，意志薄弱，内心缺乏父母的爱，缺少安全感，天生脾气又不太好。现在父母接手过来，看不惯就要指责，孩子前期缺乏足够的依恋，对父母是否真正爱自己心存疑虑，对父母之爱体察不够，容易心生愤怒，觉得父母只看重成绩、外在表现，而不理解自己的心，不关心自己的需求，情绪更易不稳定。在学校里也一样，遇到自尊心受损或被冤枉的事，就特别易生气，易发生冲突。

我这样分析着，小毛老师和家长不时点头同意，还用事例加以佐证。

孩子不是无缘无故成这样的，天生基因加环境加教育才导致如此！对孩子来说，他是无辜的、可怜的！

大致明确了原因，寻找对策就有方向了。

优化环境。长辈少宠爱，父母少指责，引导孩子遵守规则，温柔而坚定地引导他，给他基于平等的关心和支持。学校里尽量创设大家和平共处的氛围，多鼓励小朋友之间互帮互助，团结友爱。老师更多地理解孩子，看到孩子的需求。小毛老师同时也能和生活老师、任课老师达成共识。

优化教育。孩子回到家，家长要高质量陪伴，抛开无谓应酬，抛开手机，花时间，平等交流，一起运动、一起看书、一起游玩。对孩子，真诚接纳，懂得在细节上去欣赏孩子。哪怕成绩暂时落后，哪怕表现不甚出色，也要不断鼓励，找到亮点肯定他。

培养情绪管理能力。平时教他多宽容、多感恩，稍有做得好的，老师家长都能及时表扬他支持他。对同学多包容了，矛盾冲突也会减少。心平气和时，家长要教孩子控制情绪的方法，如六秒钟冷静法、离开此地法等，并和孩子一起讨论冷静处事的好处。家长也要以身作则，遇到事情控制脾气，特别是孩子在场时，给孩子树立良好榜样。因为在校时间长，老师也要不断引导他自制，一有好的表现，就要不遗余力地肯定，让孩子尝到甜头。

尊重和理解孩子。自尊心强、有热情、爆发力足的孩子，尽量少在集体面前批评，有问题个别谈话比较好，表达共情，指出错误，提出期望，甚至让他用慢动作演一遍，让他反思到自己的错误。先解决情绪才有可能解决问题，不要一上来就说教，作用不大。另外，师长发泄情绪式的指责，会让他脑袋一热，一句也听不进去，叛逆的行为说来就来，比如顶嘴、扔东西、跑出去等。

　　培养耐挫力。生活中，不要什么都二话不说满足，要孩子学会等待，也是培养他的耐心。学校里，老师也要培养他学会忍耐。比如，举个手，会很急切地让老师叫他回答，老师要有意识引导他倾听、等待，鼓励他兼听则明。师长能让他适当参加些运动，吃点儿苦，提高抗挫力。

　　家长老师携手，就会给有针对性的教育提供更多机会。

孩子追星的背后

　　同事的女儿追星，在日记本上写下了很多爱哪个明星的语言。老师看到比较担心，不敢贸然谈话，反馈给母亲，母亲也不知所措。

　　孩子六年级，比较要强、敏感，自尊心也很强，各方面素质很好，数学不是特别突出。原来我同事比较强势，对女儿压制得比较多，今年相对好多了。但同事的爱人对女儿，要么宠得不行要啥买啥，要么口无遮拦批评指责，对成绩特别看重。

　　与同事就一些家庭教育细节谈开后，我是这么建议她的。

　　一是客观看待这件事。六年级孩子，即将面临明年三月份的小升初考试，平时测验会多，会比较紧张，何况孩子的数学不是强项，数学占的比重偏偏又很大。父母、老师都难免会给孩子很多有形无形的压力。孩子需要释放的空间，能追星，说明她还有转移和释放情绪的能力，应该感到庆幸。热情是一种能量，是生命力的表现。没有热情，就没有能量，才让人担心。

　　二是看到孩子的需求。追星的背后，我们应该看到孩子缺少真正的朋友，缺少父母良好的沟通和强有力的支撑，看到孩子有压力，看到孩子有点儿孤独。所以，不是去责骂她追星的事，而是了解她的需求后，去正确引导她怎么交到好朋友，能理解父母，和父母多说说心里话。

　　三是改变父母的教育和沟通方式。能平等共情，能真正接纳和理解孩子。如果孩子考砸了，不要表现出太多的失望。对孩子多鼓励肯定，给予心理能量。

　　四是关注孩子平时行为背后的人格品质，比如自律、自爱、坚强、坚持、不怕失败、与人为善、敢于表露自己等，抓住契机进行品质教育，让女孩子能更坚强，有意志力，有好人缘。

　　很多家长都会感到疑惑，为什么我们亦步亦趋，好好陪伴，可孩子却离我们越来越远，有话不对我们说，我们也不了解孩子在想什么。天天就在眼皮底下，却对明星爱死爱活，或对异性同学情有独钟，或者无心学习，或者压力巨大心理抑郁，而我们却根本看不出来？

陪伴没有错。

有两个问题值得深思，青春期的孩子，你的陪伴价值几何？你的陪伴，真的是高质量陪伴吗？

先看第一个问题，其实孩子小的时候，家长一定要好好陪伴孩子，特别是6岁以前，要舍得花时间。陪伴孩子一起成长，多多创造一家人和谐相处的美好时光。认真观察孩子，与孩子交流，陪孩子活动，乐于了解孩子琐碎的学习、生活经历，和同伴交往的故事，耐心感受孩子略显幼稚的思维方式，让孩子体验到基于平等的关心。孩子就会感觉到浓浓的爱，感觉到很有安全感。因为在他弱小无助时、在他尝试认识世界时、在他显得滑稽可笑时，父母都是和他在一起，孩子他不用恐惧，爱的力量、陪伴的力量让孩子的内心变得强大而有力量。

但青春期的孩子，自我意识强烈，想要自由，想要独立，这时候家长的亦步亦趋、过多干涉都会成为孩子成长的阻力。家长这时候就要端正角色，需要弱一点儿、隐一点儿、退后一点儿了。

第二个问题，你的陪伴，真的是高质量陪伴吗？

如果我们带着事无巨细要指导的心态、吹毛求疵的眼光、喋喋不休动辄指责的语言，那是很容易和青春期的孩子对立的。陪伴不是为了让你近距离地看到问题，挑剔孩子，没有策略地直言不讳。这样的陪伴，除了让孩子增添自卑和反感，制造出更多的负能量以外，其实并不受孩子真正的欢迎。

真正高质量的陪伴是什么呢？是欣赏。欣赏、鼓励对于青少年归属需要和自尊心满足是极为必要的，对学习成绩不佳、各方面表现一般的孩子更要多一些欣赏和赞美，对暂时遇到学习瓶颈的孩子要更多一些理解和鼓励，让孩子在学习和生活中保持不断进取的热情，要着眼于孩子的进步来表达欣赏。

真正高质量的陪伴是什么呢？是支持。作为父母，无论我们再怎么努力也无法避免孩子不会失败、受挫，所以我们唯一能做的就是让他知道家永远是最安全的地方，父母永远是最值得信任的人。在他失败受伤之后，张开怀抱把他紧紧抱住，告诉他一切都会好起来的。只有这样，才能让孩子找到再次投入到这个世界的勇气，并且逐渐建立他自己的能量，成为内心强大的人。

欣赏和支持都是爱，爱才能给人巨大的勇气。

要的就是那份存在感

有位家长说，孩子读五年级了，可是晚上还是想和父母睡一个房间，这可怎么办？

要教父母怎么引导孩子独立，方法是多的。

可是从言谈举止中，我觉得，真正不想让孩子一个人一间房的，不是孩子自己，而是父母。

父母虽然一边抱怨着孩子黏黏糊糊，一边却暗暗得意、沾沾自喜着。

就像一个热恋中的男孩子，一边抱怨着女孩子懒惰不爱惜自己，一边却屁颠屁颠帮女孩子买早饭擦地板。你以为他嫌弃得不得了，殊不知，他的潜意识里，却在甜滋滋地欢笑。没有女孩子的懒惰，哪体现得出男孩子的勤劳？没有女孩子的散漫，哪里有男孩子孜孜不倦付出，以光明正大表达关怀呢？

父母也是一样的，孩子快到青春期了，却还在黏着他们，和他们表达着亲密。父母内心窃喜着呢，他们在"诉苦"时，其实是在说些甜蜜的"抱怨"。如果你觉得不忍心点穿他们无意识的内心戏码，你也就不必要一本正经去支什么招，也许他们比你更清楚培养孩子独立能力、坚强意志的重要性。

这里我们只说点柔软的话题。

因为不从孩子的成长、独立、内心力量这些角度考虑，单从父母这边看问题，被单纯的孩子需要着，很有存在感，感觉很好。

有时候，离不开的，不是孩子，而是我们大人。

我婆婆有时候一边替帆整理着房间，一边恨铁不成钢地数落着，这孩子，东西不爱收拾，衣柜里衣服放得这么乱，以后去读大学怎么办？

可是，你以为婆婆是真在埋怨帆吗？不是的。她劳动着，也开心着，因为孩子需要她的勤劳，而她需要孩子的懒惰来成就她，给她付出的机会。

她最盼望的事情，是帆集训的日子，因为彼时帆可以每天住在家里；每晚睡觉前，婆婆一定雷打不动地问帆明天早饭想吃什么；休息的那个晚上，帆是回家吃晚饭的，那必定是婆婆格外要添好菜的时候，也是婆婆笑声最多的时光。

帆明年要读大学去了。前几日，婆婆突然幽幽地说，小帆读大学太远也不好啊。我深谙她的想法，马上说，杭州读吧，很近啊，我们可以一起去看她，你有好菜就做几个带去让她和同学一起尝。

其实我也开始像裹脚的老太太，和先生偷偷说了好几次，最希望女儿大学读得近点，以后工作也近点，留在诸暨也很好。我们的欲望并不多，只要有梦想，内心里有诗和远方，并不需要浪迹天涯。道在生活中，日常就可以修行。

想以前，孩子小时候，我貌似非常洒脱，孩子志在四方，我觉得无所谓。反正父母子女一场，实质是分离和目送。先生说起不想让女儿出国啊远嫁啊，我还笑他目光短浅。我甚至还认为有些年长的父母不可思议，明明自己可以过得很自由潇洒，为何对子女的事婆婆妈妈，费心费力？

现在，我慢慢地开始理解他们。

有位教授说，中国人的信仰是人的关系，是"但愿人长久"。

在关系里，你感觉到被需要，你觉得自己有价值感，那种爱和温暖是可以驱散人世间的孤独和彷徨的。

我们所做的一切，可以说都是为了爱。付出爱、得到爱。

于是，我再想到下面这个故事，心底就特别柔软起来。

老太太已是九十的耄耋之年，老态龙钟，但行动还方便。家人是如何对待她的呢？嘘寒问暖，让她保重身体？什么都不让她做，怕她劳累？这些当然都是对老人的爱。

可是，她的儿子却很懂老人的心理，他每天晚饭后，便大声唤道："妈，可以洗碗了。"然后老太太喜出望外地颤巍巍去厨房劳动了。虽然第二天一早，儿子必定还得偷偷把老母亲洗不干净的碗重新洗一次。

可是他的老母亲，心情肯定特别好。谁说我老了，不中用了？家里人还指望着我洗碗呢。不洗碗明天怎么吃饭啊？这样的存在感，能让老人在梦里笑醒。

人啊，多么奇妙，为了那份存在感、被需要感，我们就这么心心念念、无怨无悔着，无论在哪种关系里。

透过面纱，看看背后有什么

道德是好与坏、对与错的问题。用道德判定起孩子来，似乎很简单，对的表扬，错的批评。

可是，事情又往往不是那么简单。行为的对错很容易判断，可当你看见了"人"，去了解人性，即人的情感、情绪、性格、思想、信念等，就会发现无法停留在非对即错、非黑即白的立场了。

"楼老师，怎么办呀，我儿子是个好孩子，现在他要丢脸了。"

一位听过我讲座的妈妈心急如焚地来电。

原来，她读初二年级的孩子，课间拿了学校超市里的一样食品没付钱，被当场抓住了，揪到了班主任那里，老师自然要严肃处理。要他回家写检讨，第二还要在全班面前读检讨书。

道德的判断当然是孩子做错了，偷东西可耻，现在好些同学也都知道了，为避免效尤坏榜样，老师自然要郑重其事地做好处理。从道德的层面来审视和解决问题，是可以很干脆利落的。

但，孩子是存心偷东西吗？他真的是品行败坏吗？透过现象，去走进人心，解读心理，也许会发现更多的东西，了解到更多的人性。教育的复杂也正体现于此。

听妈妈说孩子平时很乖巧，很听老师家长的话，那让我们看看后面到底发生了什么？

"家里是不是有人特别严格？特别强调不能拿别人的东西？""孩子是不是很少吃零食？""零花钱平时有多少？""孩子的学习压力大不大？成绩处于班里什么位置？"几个问题问下来，大致就有了轮廓。

这个孩子初一时成绩挺不错的，老师家长都寄予厚望，到初二，成绩就呈下降趋势，期中考试居然到了二十名左右，最近也不太用功，让老师很失望。

孩子的爸爸特别强调规则，孩子从小就不吃别人的东西，哪怕自己家里桌子上的东西，也不轻易去拿。也很少去外面吃快餐之类，从小到大，基本没去吃过麦当劳、肯德基，爸爸认为不卫生、没营养。零花钱每周给得很少，但妈妈每天会给他备好早餐、牛奶、水果，基本不用花钱。孩子平时心地挺好的，也很肯帮助别人。

这番话，读者你看下来，是不是也有了一些想象和猜测？

当一个孩子过分被安排、过分要求活在真空时，当他承受了一些压力，可能潜意识里要叛逆一下的想法会随着时间流逝越来越强烈。

未知令人恐惧，未知更令人好奇。尝试不同，是孩子的天性。

当别人再三要求你脑子里不要出现白猫一定要去想黑猫时，你反而满脑子是白猫。

行为需要管理，情绪和心理值得同理。

我向家长提了一些家教的建议，并对她的担忧——儿子平时是个天真、内向的人，第二天在全班面前检讨，会不会对他以后的心理发展不利——也提了一些和老师怎么去沟通交流的意见和建议。

第二天，家长跟我反馈：她依我的建议，把孩子的成长背景、个性特点、教养习惯都跟班主任坦诚地讲了，并请求老师处理的时候顾及孩子的自尊心，如果可以，给孩子一次机会，事先讲清楚，如果再犯的话，就要果断承担丢脸的后果。同时也告诉老师，家长跑到学校来找老师交流，也不是只想到为孩子求情，要求包庇，而是在双方知根知底的情况下，本着为孩子更好发展的前提，一起商量更好的对策。交流后老师答应会和家长一起配合好，关注孩子的学业，也关注孩子的身心健康。

又一个案例：五年级女生，学业优秀，特别是语文，作文尤其出众。

一日，和男同学打赌，男同学输了，她要求男生替她做一件事，去打了一个女同学。她一看那个被打的女同学哭了，她居然跪下来，要人家打，人家不肯，自打三个巴掌。但这件事反映到她母亲耳朵里后母亲问她，又变成对方女同学回打她三个耳光。

道德吗？又欺负人，又撒谎，肯定不道德。

那我们来看看人性。看看孩子为何会这样？她有怎样的家庭环境和亲情抚养，又有怎样的心理特点。

　　老师说到几点，孩子的人际关系不好，妒忌心很强；妈妈对她学习的要求很严格，为人处事的教育不多；从孩子的作文中可以看出她临近期末压力很大，妈妈平时指责多肯定少让她苦恼。

　　解决问题的根本，必须从根源入手。亲情第一，人格第二，按次序进行。

　　亲情第一，只有足够的亲情连接，才能进行有效的管教。

　　孩子的大部分问题，首先需要父母在亲情上做功课，然后才是解决问题。

　　人格第二，就是看到孩子问题背后，自信心状况、情绪状态的情况。

　　一个行为不当的孩子，往往是一个丧失自信的孩子。不提升孩子的自信心，不改善孩子的情绪状态，也就无法从根本上解决问题。

　　可悲之人必有可怜之处。教育中，多一只眼睛，透过道德，从人性出发，不用二元思维，不用上帝视角，多一份慈悲，去看待孩子，去解读他行为背后的原因，去分析他成长的轨迹，对于引导和教育孩子应该会更有针对性一些。

你对问题熟视无睹吗

经常有初中高中的家长抱怨，孩子这个不好，那个不行，一副恨铁不成钢的样子。可是，冰冻三尺，非一日之寒，孩子不是一下子变成这样的，一定是在成长的关键时刻，家长没有及时教导；或者看到问题，没有及时引领；甚至还用不当的家教言行，助推了孩子坏习惯的养成。

教育者、管理者，有一项重要的本领，就是会发现问题。因为只有发现问题，才可能解决问题，把事情往更好的方向上发展。家长是家庭教育的管理者、实施者、引领者。那么，你有发现问题的眼睛吗？

镜头一：在房间里做作业的男孩走出来，说想要喝水。妈妈连忙说，这里有鲜榨的橙汁；爸爸连忙拿过去一杯白开水。（注：这名男孩非常聪明，人品也佳，老师家长寄予厚望，但他学习上不肯花大力气，有目标，却缺乏意志力。）

这里，你能发现问题吗？

一个高中男生，喝点水自己不会动手吗？为什么这么依赖父母？是不是感觉加班加点学习是为了父母，所以父母也理应照顾好自己，有所补偿？

父母为什么都积极地献殷勤呢？是不是只要孩子学习好，就已经是万事大吉，什么都不用干了？

那么，剥夺孩子自己动手的权力，阻碍孩子自己成长的能力，让孩子觉得读书是为了父母，用功是对父母的恩赐，是什么时候开始的呢？哪些言行都是助纣为虐呢？

如果男孩从小的时候开始，父母就不断培养他的责任心，尽量多地给孩子创造一些为自己、为大家做事的机会；学习上注重培养孩子的主观能动性，少讲道理，多多践行，在不断历练挫折中培养斗志和毅力，多鼓励，少包办，不把孩子永远当小孩子看，平等对待，及时加担，男孩子会不会更成熟、稳重、踏实一些？

镜头二：一个幼儿园大班女孩，动不动就哭，亲戚孩子来了，喝了她的牛奶，哭；玩了她的玩具，哭；一起玩，不开心，哭。旁人制止了丝毫不听，奶奶或妈妈只有跑过去，抱着她，抚慰她。

你发现问题了吗？

女孩子用哭控制了大人，达到自己被关注、被纵容的意图。哭是手段，不是目的。目的就是让父母被孩子牵着鼻子走，任性的孩子不都是一哭二闹三上吊吗？这样的次数过于频繁，哭不再是需求，是伎俩。

有火眼金睛的父母，会发现问题所在，孩子在任性，操控了大人，获得了后台，其实也占了一起玩的孩子的上风。为了管理孩子的任性，那么，会正面管教的父母在问题的最初，可能就会平静地说：你要哭，可以，我们不拦你，但你不能在客厅里，影响大家只顾自己哭。请你到洗手间里去一个人哭痛快，觉得可以了，洗把脸再出来，大家还是愿意和能管理好自己情绪的孩子玩的。如果你觉得孤单，妈妈会在旁边陪着你，直到你哭完。

孩子哭着哭着就会小声了，哭着哭着就觉得没意思了。独角戏有什么演头？达不到目的的哭有什么意思？好吧，还是乖乖出来和小朋友玩吧。

被偏爱得有恃无恐。任性的孩子，一定有人为她的情绪托了底，撑了腰。

镜头三：一名高中女孩，一到大考就失利。考前会特别紧张，复习不进去，晚上睡不好。（注：父亲对女孩特别严厉，初中开始，如果成绩考不好，会在大庭广众之下责骂。）

你发现问题了吗？

孩子特别紧张焦虑，压力太大，这份压力是谁给的呢？

家庭、亲情往往是问题的关键所在。

一旦考不好，父亲就要狠狠批评，孩子就会很害怕考试，特别看重得失，心态失衡。

孩子会感觉父母不支持自己，不爱自己，内心的能量就不够，更没有勇气去无畏前进，无畏拼搏。

聪明的家长，一定是最会鼓励的家长，让孩子能量满满，信心百倍，于是状态优良，勇往直前。人生是马拉松，一时的失利又算得了什么？拥有自信、心态良好的孩子才能扛住人生风雨，才能走得远。

一些家长，对问题熟视无睹，睁只眼闭只眼，想想孩子长大了就懂道理了；一些家长能发现小问题，却不会防微杜渐，任由问题越来越大；更多的家长，是根本看不到问题，眼睛里都是真空，等问题大了，只会惊呼：天哪，怎么会这样？

所以，学会发现问题，是家长的重要教育本领。

但这项本领，一定属于会不断观察、学习和反思的家长。

不要用爱控制我

家庭中，控制无处不在，往往打着爱和关心的名号。

选课中，有的父母二话不说替孩子做了选择，还言之凿凿：能仅凭他的兴趣选择吗？高考的大事能儿戏吗？

填志愿，也基本由着父母的心。看似都为了孩子，却为以后埋下了祸患，只会让孩子把生命的主权让给别人。

孩子摔了一跤，母亲抱起他说，不疼不疼，不疼是孩子还是母亲的知觉？

孩子早上穿了衬衣和外套，母亲一定要他再加件线衣，孩子说不冷。母亲说，怎么会不冷？不冷是孩子还是母亲的感受？

孩子不饿了，奶奶还要追着他喂饭。

孩子想吃香草味的冰激凌，妈妈说巧克力味的好吃。

孩子说饿了，爸爸说，不可能啊，刚刚吃过饭不久。

自己的感受却还是别人了解，这是不是很荒唐？

控制之下，孩子慢慢就无法体验自我、认知自我了。

父母会控制，老师也会。

老师有时会随意臆测、评判、批评，不顾孩子感受，不断侵犯孩子的精神边界。

你考得不好，一定是没好好听。（孩子内心：我是真的不懂，可是没人理解。）

你又做错了，一点儿都不用心。（孩子内心：我很害怕，怕出错，越怕越会出错，其实我已经很用心。）

你和同学闹矛盾，就是想败坏班风。（孩子内心：我们只是有分歧，没有想弄坏班风。）

甚至我们路人也会，看到人家姑娘年过三十还没男朋友，就好心规劝，要求不要太高了，差不多就行了。

看到别人的孩子想创业，好心劝说，风险太大，体制内待着更安全呀。

可笑的是，好像除了你自己，别人都知道你是谁，你应该怎样。

我们被教育成怀疑自己，或是不相信自己的内心世界，那么就会忽视内心的感受，当然，我们也不会去考虑别人的内心感受，因为这种能力从小没有被习得。

有的孩子自残，划手臂，感知痛苦，是不是在追求被别人麻痹和掠夺的知觉、感觉、直觉的回归，让自己拥抱自我？或者说，在反控制，在挣脱来自父母、老师、外界的精神控制和束缚？

女儿18岁的信中告诉我们，她在我们面前很安全，不用伪装，可以比较好地做自己，这给了她很大的能量。

是啊，从小，她是可以做自己的。

比如，我说，帆，你的作文我看看。得到答复：不给。

你的画让我看看吧。得到答复：不可以。

她想要把长发剪成短发，就趁我们不注意自己去理发店里剪了。回来我们都被惊到了，她理直气壮地说，我的头发总可以自己做主吧，彼时也不过三四年级。

五六年级时坚持要穿中性的衣服，买衣服一定要和我一道去，生怕我买太女孩味的衣服。

例子不胜枚举。

她不用为了服从父母的旨意而忍住眼泪，不必压抑自己的情感；也不用为迎合父母的需要而扭曲事实，让父母来理解她；或是当面一套背后一套，在父母面前装样子赢得认同。

因为精神不被控制，这样的孩子从小就有较强的自我意识，小小年纪明白自己想要什么。

好友来电，说到如何让女儿节约花钱的问题。

她说走到女儿房间里，看到孩子又买了很多发夹，还有笔记本，她马上责备说，你已经有好多了，为何还要重复买，不是浪费吗？孩子跟她辩解：我喜欢呀，我有用的，我是用自己的零花钱买的，你不用管。

母亲很生气。零花钱不是父母的钱吗，女儿说得这么理直气壮，为何这么没有节约的观念呢？

女儿也生气了："不要用自己的消费观念来思考孩子，我是在另外地方省下来的钱买自己心仪的东西，没有不节约。"

母亲面对 17 岁的女儿，还想通过直接指责和说教来控制她的行为，这是行不通的。对青春期的孩子，你可以分享，但不用教导。因为直接教导的最好时间已经过去，红利不再有。

你可以分享自己是怎么合理安排财务的,告诉孩子财商也是一个人的能力，这个能力会关系到一生的幸福。

孩子如果没有感到被说教、被控制，她有安全感，就可能听进去，但无法强求。

不要用爱控制我，我们都需要更多的换位思考和平等沟通。

青春期孩子贴文身贴怎么办

朋友来咨询,说高一的女儿贴文身贴。父母觉得不符合学生的身份,不主流、不好看,要她撕掉。女儿不以为然道,又不是文身,紧张什么? 再说高中生都贴,现在又是暑假,没碍着谁。你们的思想太落伍,和我们有代沟!

几句话把两个国家干部噎得张口结舌。于是,女儿照例我行我素,管你们欣赏还是反对,高兴还是沮丧。

朋友发来一个惊悚表情,问我怎么办。

说怎么办之前,我们可以先想想为什么,这或许才是更为清醒和透彻的解决问题的态度。

先问原因,我们就会去追溯孩子的变化,就会去了解现在孩子的心理,就会扪心自问心里的恐慌和担忧,就会去反思亲子间沟通交流的质量,就会去探索青春期孩子逆反的原因和表现。然后整体思考,根据原因对症下药。

就像治病,看似一个局部的问题,换西医则就事论事,马上开药对付;中医不一样,需要望闻问切,全局判断,再做出综合诊治,可能重点突破,可能声东击西,可能偏安一隅。关注了局部,更调养了全身。

孩子为什么要贴? 她有什么心理需求想满足?

当同学都在贴,她也贴,也许在找认同感、归属感,和同学们行动一致,不至于被边缘化、被孤立,特别是像她这样成绩优良的孩子;也许她是在表达个性,用特立独行向大人宣告自主自立自由,是自我的强调和标榜;也许是她们认为的美的方式,是紧跟时代和潮流,没有 OUT 没有落伍。

大人为何恐慌?

我们更应该审视的是,大人究竟在不满和害怕什么? 不满孩子翅膀硬了,不像小时候那么听话了? 太有个性、不好控制了? 刚刚还是个小屁孩,让她吃鸡蛋就鸡蛋，喝牛奶就牛奶，穿裙子就裙子，着红色就红色。哪怕不乐意，嘟哝两句也就乖乖依从了。现在呢？你的要求不但不听，还跟你斗嘴，关键是心里想什么死活也不会告诉你。真是让父母生气抓狂，又无可奈何。

恐惧就莫名而来。怕事情演变到无法收拾，现在不干涉，就会越来越糟，怕真的去文身，怕三观不正，怕被人看到说没家教不文明，怕人家说养不教父母之过，怕被人当作坏女孩引来坏小子，后果真是不堪设想。

孩子为何不想跟父母交流？

因为不被理解，因为没安全感。如果交流反而引来质疑、控制、说教、指责，你觉得有哪个孩子会敞开心扉？不是自讨苦吃、自寻死路吗？如果交流会带来共情、共鸣、愉悦、幸福，又有哪个孩子不愿意说个不停？

如果你站在孩子的角度考虑，也许你会说，有什么大不了的呀，不就贴个文身贴嘛！也好看的呀！孩子就会很敏锐地意识到，你认可她、理解她、同理她，就会把心靠近你，才愿意把心里话告诉你，你再细水长流地引导她怎样才是真正的持久的美，才有可能。

所以，如果父母信任自己的孩子，打消内心的恐慌，就会包容孩子、接纳孩子，觉得根本没什么大不了的。有个性的孩子会创新嘛，总有点儿与众不同的，现在整天埋头做题，哪看得出创新思想，再说老师家长又没好好教过怎样去创新，那就只有在行动上标新立异，彰显点儿特别嘛。有什么好大惊小怪的！自己家的孩子三观正不正，其实自己最清楚，父母这么多年的身教，那是威力无穷的。

如果父母一定要孩子不做这个行为，也得理性地认识自己的教育效果。青春期，很多时候，直接教育是行不通的。如果父母盲目又缺乏自知，霸王硬上弓，往往换来孩子的对立和排斥。

建议是，要不打好沟通基础，润物无声，长期作战；要么借助于第三人，如孩子佩服的老师，喜欢的大姐姐大哥哥等，无痕、平等而有策略地告诉她，什么叫作合适的行为和真正的美。

更狠的一招是，父母一不做二不休，放下架子，也一起贴一贴，比孩子表现得更自得其乐，让孩子大跌眼镜的同时，去反思自己的标新立异原来父母也要趋之若鹜，就没什么新鲜感，更不想坚持了。

可是，我们的父母，总是急于求成而缺乏等待的耐心，又缺少点儿童心童趣。

家庭教育，说到底，是家长的终身学习。爱，确实是一场智慧的远行。

家教的失败是随便定义的吗

几个朋友一起谈心。

A 姐，离婚、创业、再婚，经历过苦难，现在事业有成，夫妻恩爱，可谓苦尽甘来。

B，二胎妈，执着创业，能力出众，但儿子叛逆，脑瓜聪明却不肯埋头用功，心仪的学校可能会失之交臂，让父母非常苦恼。

B 在事业上进取心强，敢想敢冲。但一跟我说到儿子目前的状况，就像饱胀的气球被针戳了一下。

说起往事，当下精神抖擞、气色良好的 A 已经是云淡风轻了。那离婚的难堪，创业的艰辛，已经变成了一种传奇，就像每一位比较成功的企业家，总是充满了故事，没有故事反而让成功变得单薄。

但比起事业，A 姐说儿子，才是最为让她自豪的。从小努力学习，一路学霸，就读重点高中，名牌大学博士生毕业，顺利进入省城大企业，即将出国进修，前途无量是指日可待的事。

那么很自然就聊到 B 特别关心又纠结的家庭教育。

A 姐说，她年轻时气比较盛，对儿子的规则教育很重视，不懂事也是要打骂的，所以儿子到现在也很听话孝顺。但儿子有一件事不够听话，就是选女朋友的事，母亲再三阻挠也没用，后来只能母亲认输。我说，对媳妇你不满意吗？A 姐说，现在肯定是不去讲满意不满意了，就是接受并支持了。以前，是感觉不般配，姑娘普通高中读书，专科学校毕业，也没什么出色的工作，家在农村，父母是普通农民。自己儿子长得也还不错，博士生，各方面都好，大家都说可以配得更好的姑娘。

我笑问，你媳妇一定长得很漂亮了？

B说，是挺漂亮的。A姐说，一般吧。A姐连忙拿出手机，翻出一张照片，让我看。只见她媳妇圆圆的脸蛋，大大的眼睛，一脸人畜无害的甜美笑容。

我说，挺可爱的呀，小巧玲珑的。我突然意识到一个非常奇怪的现象，说，跟你真是两种完全不同的风格呢。

我追问，小时候，你老公是不是在儿子面前经常说你的不是？

A姐有点儿落寞地说，是呀，他不喜欢我爱折腾的样子，想过岁月静好的日子。儿子后来是判给他的，他当然经常在儿子面前数落我喽。

我感叹道，这就是命呀。命运有不可测的东西，也有可能预料的东西。

A姐说，是呀，我也接受了，这就是我儿子的命吧。我媳妇很宅家的，不工作，就带两个孩子，可以给我儿子免去后顾之忧。出去留学，也可以全家出动。

回来的路上，我坐B的车，B还在感慨A姐儿子培养得优秀，自己教育颇失败。问我怎么办。

我不赞同这样的思维，碰上点儿挫折就说家教失败，孩子有不尽如人意的地方就说未来堪忧。

我反问道，何谓成功，又何谓失败？

没有绝对的好，也没有绝对的不好，不能过早地给成功与失败下定义。有时所谓的成功，也只是外界目光下的成功。比如，A姐的儿子，我们问过他的感受吗？从他找爱人这个角度，是不是有我们没有意识到的问题？他对生活、对过去是全盘接受的，还是试图反抗？对于一个成年人，他真正幸福吗？我们对成功的定义是外在的风光还是个体内在的自由和强大？这都是值得审视的。

另外，孩子没有达到预期的目标，就表示了失败？人生是马拉松，不是百米跑，我们知道未来孩子的成长点、突破点在哪里吗？谁的人生都无法被预估。可能性，才让我们对人生充满希望。

我对B说，作为家长，不应该对孩子怀有太大的期望，因为有高期望必定有大失望。很多孩子是在错误中成长的，是在螺旋上升中慢慢成熟的。我们渴望的一蹴而就、一帆风顺、心想事成，有时真的只是主观愿望。对孩子，在应该好好管教的时间要未雨绸缪，合适施教，在后来的日子，我们只要支持和祝福。

作为家长，也不应该对孩子的人生过早地下定义，只要人格健全，品行优良，内心有能量，在这样的时代和社会，一切都是有可能的。

更何况，你看到的鲜花背后，可能有鲜血浸染；你看到的成功后面，也许也有无尽的委屈。

用一份慈悲，去平静地看待成功和失败，去客观地对待孩子的成长，也许是我们家长需要不断修炼的。

辑七　名著启迪

　　好书，是生活和教育的明灯。一本好书，读进去，想开来，与生活中的案例往往可以不谋而合，又让你豁然开朗。今天做家长，提倡多学习，多看好书，从书中汲取营养，以便更游刃有余地教育孩子。

孩子打不打

一位朋友聊到一件事，说自己亲戚的女儿读初三，上学期末考试和几个同学联合起来作弊，被老师发现，成绩记了零分，还吃了通报批评。父母特别生气，二话不说把孩子打了一顿。假期里上网课，父母发现孩子听课不用心，整天玩手机，怀疑她在谈恋爱，亲子吵起来，父母联合起来打骂她。女儿更表现出厌学，而且也不理父母了。"不争气，不打不成器啊"她的父母是这样对亲朋说的。

最近重温八年前阅读过的心理学专家李子勋老师的著作《家庭成就孩子》，再一次受益匪浅。

李老师提到，哪几种人不能打。

父母与孩子的关系不好，越打越远，越打越逆反，这种无效行为宁可不做。

孩子已经受到了很大的挫折和委屈，孩子承受压力的能力有限，雪上加霜的事千万别干。

过于内向的孩子，这种孩子天性敏感，处理应激能力有限，什么事都掖在心里，外表看不出来，打会加重孩子的压抑。

属于孩子自己的事不要打，如爱好、社交、友情，尊重孩子的权利，可以培养孩子的自信。

青春期前后的女孩子不能打，女孩需要更强的自尊心，她们长成后遇到的社会压力会比男孩子大。女孩被打容易形成一种受虐倾向，以为打是一种被爱和被关怀，结果会无意识鼓励丈夫的暴力。

打后还要让孩子自我检讨的事不要做，孩子被打以后相当一段时间一般都很窝火，可以让孩子表达他的不满，让他有个心理的缓冲。这个时候强迫他认错，等于逼迫他撒谎作假，加重他的心理创伤。

李老师还特别提醒，打不要真打，打只是一种策略，对孩子起到威慑作用就够了。

我也觉得，不到万不得已，不要轻易去打孩子，从小温和而坚定地教育就可以了，加上父母良好的言传身教，孩子的习惯、品德一般都不大会有问题。

除非你跟孩子关系特别铁，偶尔打几下，对孩子的伤害不大；如果亲子关系不够好，要慎重动手。

我不禁回忆起，女儿小时候，偶尔会不礼貌、任性、做事拖拉，我们就商量好规则，犯错到十次，得打一次屁股，但如果累计有两次很好的行为表现，可以将功补过抵消一次错误。女儿把打看成了一件大事，往往，记账到七八次，后来就越来越少，因为她会努力用好的行为去抵消它。行为的不好，基本我说了算，行为的好，基本孩子说了算。在某种程度上，也锻炼了她对自我的约束和对行为的审视和判断能力。

真正实行这项规定的小学一二三年级，好像也没真打过几次。我经常开玩笑叫，我手痒啊，为何养个孩子一年到头都没打的机会呢，快给我机会吧！女儿总是哈哈大笑说，我不会给你机会的。

有一次，女儿随便应付一下作业跑出去玩了，回来时我一时气急往她肩膀上打了一下，她立马哭个不停。我想了想，马上意识到问题，赶紧就这事向她道歉，因为我坏了规矩，"一步到位"，直奔了结果，没有记在账上，就没有给她改过的机会了。她原谅了我的行为后，我们再就她的作业态度问题郑重其事做了讨论，她也心服口服，表示下不为例。

那对待犯错的孩子怎么办？文章开篇那个女孩子怎么教育呢？我在李老师的建议上做些补充。

孩子犯错就像学习上遇到难题，在所难免，犯错是很好的成长资源，只是需要父母有智慧去洞见和把握，帮助孩子去分析，去提升，去厘清错误的认知，提升正确的三观。

首先，是看行为的动机，如果动机是好的，先表扬 ta，以降低孩子的焦虑。像这位女孩子，动机能理解，不外乎想取得好成绩，想得到老师家长的表扬，想在同学群里有更好的地位等。

再看方法对不对，方法不错，或部分不错，肯定 ta，让 ta 知道部分行为还是被认同的。但这个女孩，方法肯定是错误了，用联合作弊的方式得到好成绩，弄虚作假，欺骗别人，更欺骗自己，这样的成绩是没有价值的。

最后看结果如何，错误怎样形成。父母告诉孩子，任何行为不仅需要自己的满足，还需要别人的认同，要得到认同，就要遵守共同的规则，像考试，排名，都是有共同规则的，比如不能偷看作弊，要实事求是。否则自己得到虚假的成绩，对真正的学习没有好处，而且还在师长同学之间产生不良的影响，所以，结果是不好的。承担责任，接受惩罚也是必需的。规则不是针对个人，而是针对每一个犯错的人，一视同仁。

这样，孩子对行为的本质和后果就有更明确的认知。

对父母来说，有几点我觉得应该注意。

第一，平静地看待孩子的错误，引导孩子认识错误，吸取教训，下次不再犯类似错误。家长不要过于冲动，觉得孩子丢了自己的脸，自己的教育完全是失败的，感觉天都塌下来了，从而一气之下造成过度惩罚，比如打骂、羞辱，把错误变成更大的心理创伤。孩子不但没意识到错了，还容易引起叛逆心，更不想改正错误，或在错误的道路上一去不肯回头。

第二，要慎用打骂，对青春期的女孩子来说，更加如此。如果亲子关系本来就不太好，不要说打骂，可能一句不恰当的话，也会引起孩子的误解和记仇。家长若对前面几个步骤心中明确后，要保持良好的情绪，用非暴力沟通来交流可能比较合适，容易被孩子接受。

第三，积极地去看待孩子，不要过于担心。人非圣贤，孰能无过。对道德、良知的培养，有家长的以身作则，又有合适的引导，孩子自然会变得善良与懂事。

你的爱与孩子未来的创业成败

一本好的书，往往会让你有兴趣一口气读完，并深有共鸣，甚至迫不及待想谈点读后感想。樊登老师的《低风险创业》就让我有这样的感觉。

教育者，不能总是关在教育的房间内看教育，盯着教育就事论事谈教育。需要多跳出来，多换一种视角。另外，好朋友中有几位是自己创业的，而我是搞教育的，我觉得也不能两耳不闻窗外事，知识多多益善，聊天时也可以多些共同语言。这是我读本书的初衷。

樊登老师结合自己成功创业的实际，加上阅读过的大量书籍中的事例，和受咨询过的企业家、创业者事例，提出六大心法教你创业，对于想做点儿事业的人来说，可以拿到锦囊妙计和定海神针。

但我看到的不仅这些，还联想开去，比如，第一个心法"创业从找到好问题开始"，其实对我们的设计课程和育人有启发；第二、三个心法"秘密是最好的抗风险武器"和"反脆弱的结构设计"，与我们个人的成长，打造核心竞争力有异曲同工之妙；第四个心法"赋能生物态创业团队"，对学校管理、团队管理也适用。

但我在此不讨论个人专业成长和团队建设，我要说的是家庭教育。

我的观点是：你的爱可能决定了孩子未来的创业成功与否。

樊老师在创业第一个准备中就特别提到，和父母关系的好坏，决定了创业成就的大小。他用案例证明，大量创业者，如果童年有问题，创业易失败。

书中说道"人永远会下意识地选择自己最熟悉的那条路。如果你小时候熟悉的路线是痛苦和压力大，每天肾上腺素的分泌都十分旺盛，分泌量比一般人高好多，那么你在创业时，二话不说会选择那条让你感觉最痛苦的道路。于是，风险、压力相对也提高。"

荣格曾说：潜意识正在操纵你的人生，你却称之为命运。

我想，因为这样的人，小时候往往被父母打骂、嫌弃、忽视，他特别想证明自己，也特别容易走那条潜意识指引的路。

"相反，小时候熟悉的是安享、喜悦、快乐和自信，就会很自然选择那条安全、舒适的创业道路。"

"性格也决定创业的风险。性格容易生气、焦虑、好斗的人，总是处于与人争斗的状态中，肾上腺素就会分泌旺盛，皮质醇（压力激素）水平就会变高，人就更容易焦躁、发怒，这会让创业过程充满艰辛，也危及人的身心健康。反之，如果性格较为平和，带着爱与希望创业，那么便容易分泌大量的催产素，自然地接受新生事物，带着快乐的心情面对创业中可能出现的各种问题。催产素，是人在感受到爱时，才会分泌的，能让人心情愉快，缓解压力。"

父母如果从小尊重、信任、鼓励孩子，不打击，不比较，不嫌弃，不抱怨，孩子乐观、积极、开朗、自信，他们不需要压抑情绪，不需要在被比较下证明自己，不需要整天与人较量一争高下，他们就可以在放松、自由的状态下自主地展翅高飞，可以一心一意地绽放自己。

父母如果无条件爱着孩子，让孩子知道，父母永远是自己的支持者，家永远是最温暖的港湾，孩子就能在无论从小读书时，还是长大后奋斗时、创业时，感受到爱与信任，就会分泌出催产素，心情舒畅，用最大的善意去拥抱这个世界，拥抱创业的过程，也更有可能取得成功。

创业者更要有人爱。可是，连父母，最亲近的人，从小都是挑剔他、指责他，为分数，为各种比较，为父母自己的期望，在心理层面上让孩子感觉不到真正的爱。那么，哪怕以后有人爱，能不能识别这些爱，这是一个因素；潜意识里觉得自己不值得爱，要拼命证明自己，飞黄腾达才有可能有人爱的情结也会是根深蒂固的。这会让孩子做事业、做人，都平添了艰辛，因为这一生，除了寻找事业的成功，也许他还要寻找从小不被认可的自己。

所以，父母无条件的爱，孩子心理层面喜欢的爱，对孩子的一生，都是阳光雨露啊。

另外，樊老师在下文的赋能生物态团队中，有一句话这样提到"一个人最佳的状态，就是睾酮高、皮质醇低。睾酮含量越高，说明这个人越有劲；皮质醇含量越高，则反映出这个人压力越大。睾酮的分泌，能让人提升自信心和工作动力。在团队管理中，让一个员工的睾酮分泌量升高，皮质醇分泌量降低，他就能保持上佳的状态；反之，让员工成天分泌皮质醇，就会让他患上抑郁症，晚上睡不着觉、压力增大、经常发脾气、跟人打架，最后就会重病缠身。"

在这里，关于父母教养方式的影响，我想到了两点。

一是，如果我们的家长从小是用平和的、尊重孩子的方式教育孩子的，孩子往往会性格温和，与人为善；反之，如果家长情绪控制力差，高兴则溺爱、娇纵，生气则打骂、恐吓，孩子的情绪也易失控。那么，他日后若创业，如果没有系统地学习过，对自己的人格特征没有清醒的认识，我也担心在他潜意识里的那种方式，会不由自主变为自动化的模式，对员工控制过多，训斥过多，要求过严，那么员工的皮质醇含量高，睾酮含量低，状态不是很好，就容易影响到服务的质量和客户的满意度。最后，受伤害的是创业的你的孩子。

二是，能不能利用这一点儿，让我们为孩子更好地赋能，提升他的睾酮含量，即信心和动力；降低他的皮质醇含量，即压力。那应该怎么做呢？我又要说到孩子真正需要的爱，真正的心理营养，就是尊重、信任、鼓励、支持，真正的爱是会赋能的，会让孩子自主、自觉、自发地去寻找更好的自己。

亚洲顶尖的心理导师林文采博士曾说：一颗种子的成长，需要阳光、水等营养。而人的成长，除了需要物质营养保障基本的生命力，更需要被无条件接纳、被重视、被肯定赞美和认同。而这些心理营养，正是我们获得人生快乐幸福的最底层代码。

以终为始地看待我们家长付出的爱，会让我们对父母性格、家庭环境、教育方式引起反思和审视。让我们学会为孩子提供真正的心理营养，为孩子的一生赋能。

家长您会共情孩子吗

共情，是情商的核心能力，习得共情的技巧，你才可以拥有高情商。

在《共情的力量》一书中，作者探索了共情的作用，解释了共情和同情的区别，阐明如何利用共情寻找爱情，如何成为一个共情式的积极聆听者，如何运用共情创造持久的亲密关系。此外，作者还阐述了如何借助诚实、谦逊、接纳、宽容、感恩、信念、希望和宽恕八种行为来获得共情的能力。

关于表达共情的七个步骤，与大家一起分享。

一是使用开放式问题。

问开放式问题是在表达共情，这样能传达出对每个人独有的反应和回复的尊重。

你不愿意做作业吗？你不专心学习可怎么行啊？这些问题不是共情。

孩子，你是怎么想的？愿意说一说吗？这才是共情。

相当于你先交出控制权，允许对方把你引领到他想要或者希望你去的地方，而不是你努力把谈话带到指定的方向。

二是放缓节奏。

帮对方把节奏放慢下来，对情绪进行远观。在情绪激烈的情况下，往往很多东西会失之偏颇。

三是不要匆忙做出评判。

也许孩子以前确实不认真，但这次他考试考砸了，并非他主观不努力，也许试卷的难度确实让人意外。家长能保持客观和冷静尤为难得，听听孩子怎么说，只关注当下的体验和感受，不带任何评判和偏见，是需要经过多次训练的。

我们对他人的最大伤害是，我们总认为他们的个性是固定不变的。

"你总是这样的，你经常如此，你就是这么反应的。"这些都是伤害人的话语，不是共情的语言。

四是关注你的身体感受。就是你可以做出和孩子同样的身体语言和表情，孩子抱臂，你也抱臂；孩子很生气，你也严肃地聆听；孩子兴高采烈，你也眉开眼笑。这是同步带领，正是用身体语言表达共情。

五是向过去学习。

我们应该意识到，有时他人强烈的情绪，不一定是跟现在发生着的事情相关，却总是源于过去未处理的冲突或是艰难的生活环境。

六是让故事充分展开。

把节奏变慢，让故事展开，情绪就可以慢慢平复下来。当我们陪另一个人站在深层情绪所在的悬崖边上，共情会提醒我们这是对方的旅程，我们的出现是为了陪伴和帮助他。我们的作用不是引领而是跟随，不是主导而是参与，不是为了总结发言而是为了让沟通持续流淌。

七是设定边界。

在共情的指引下，我们知道什么时候介入是必需的，什么时候离开才是对关系最好的。

看完这本书的两天内，我马上在父亲和女儿身上践行了共情。

因为疫情，隔离了这么多天，父母那里很少碰面，只偶尔去送点儿东西看看他们。

上午，老爸打来电话，也没什么事情，我特意说，疫情整体来说方向好转了，马上要复工了。老爸便打开了话匣子，说到三都工厂的复工安排，说到网上复工的要求，说到各市出台的优惠招工要求，说到湖北拿下的干部，新上任的浙江籍干部等。我夸他说，你天天上网、听收音机，对信息真是了如指掌啊，老爸就说得更起劲了，电话足足打了半个多小时。挂了电话后，我对女儿说，外公和外婆宅在门卫处，很无聊的，外公天天上网学习，了解动态，也需要他及时输出一下，感觉就会良好一些。

下午，我在餐桌旁听微课，女儿在房间里看 NBA 的比赛，只听得她偶尔叫好，偶尔叹息。过了好一会儿，她走出来，站在我身旁。我抬头看她满面笑容的，我猜她想与我分享些事情，连忙把语音变成暂停，专注地看着她。她就势坐下来，跟我说，真是太开心了，湖人队赢了，多了三分。

她就跟我说到篮球队员的艰辛与努力，说到詹姆斯个人技术的卓越和顾全大局的团队精神。从 37 岁"高龄"的詹姆斯还驰骋于球场孜孜不倦，一切源于热爱，然后我们谈到因热爱与责任而对事业的执着，说到科学家、医学家，也算是疫情背后的家庭德育了。

这一天，我们足足谈了两个小时。

如果没有我乐分享、善倾听的共情，估计就不会有这番对于女儿来说酣畅淋漓的谈话了。

说到理解与倾听，昨天就更应该是了。

前天晚上，帆没睡好，吃了肯德基外卖，整个晚上肚子不舒服。第二天早上，我问她感觉如何。女儿说，出不去，人有点儿难受，这几天晚上梦不断，都睡不太好。

我一下子理解了她的焦虑心情。

女儿是个安静的姑娘，一个多月来，一直宅在家里，年里还去下超市、外面走个路、去趟书店，大年三十后，除了戴上口罩楼下倒个垃圾，就二门不迈大门不出了。看小说、复习英语、画画、看 NBA、吹笛子、做运动，生活是丰富的，但毕竟时间长了，难免心烦。

我们平时也挺尊重她，她待在房间里，我们也不打扰她，她愿意说，就一起聊聊天；她不愿意说，就随她自得其乐。

缓解郁闷，道理是不用讲的，直接用行动来表达爱吧。亲人无私宽厚的爱能让人平静。我抱抱她，给她按摩按摩，跟她扯扯好笑的事情；我温柔地建议她下午从房间里出来和我一起在餐桌上学习，她很顺从地出来了。我摘抄笔记，她看英语。我们还一起交流几个问题。晚上，她看美术书籍，我邀请她一起听一个关于职业发展的语音课，她答应了，我们一边听，一边讨论。关于二次元人类，我请教她，她马上就能解释出来，我也趁机表扬几句。我发给她一段身体扫描的冥想音乐，让她睡前听一听。学习完毕，我说，可以去看看喜剧电影呀。我睡前，听见她房间里传出阵阵笑声。

今天吃早饭时，我问，昨天睡得还好吗？她说，不错。

一起学着做高效能人士

把两年前让我很有感触的书籍《高效能人士的七个习惯》，找出来又认真读了一遍，仍是颇有收获。

高效能人士的七个习惯，一是积极主动，二是以终为始，三是要事第一，四是双赢思维，五是知彼解己，六是统合综效，七是不断更新。前三个习惯关注个人领域的成功，四五六三个习惯关注公众领域的成功，是关于团队建设，人与人交往的。最后一个习惯是自我的完善与提升。

我想说说关注个人的两个习惯——积极主动、要事第一。我，我们，在生活中可以怎么努力践行出来。

很多事情，只要有利于工作或更多的人，只要我主观愿意，我会积极主动地去做。临渊羡鱼不如退而结网，与其抱怨不如主动为之。比如，开学后看到一年级好多孩子哭哭啼啼，家长再三表达不放心。我感觉需要写点儿什么，触动到家长，放下焦虑和不安；也提醒到老师，正确对待孩子的现状。开学虽然一直在忙，但始终牵挂心头，于是想方设法利用业余时间撰文《亲子分离，到底谁更焦虑》，引起广泛转发，让很多家长深有体会，也引起反思。甚至有朋友，孩子读初中了，照样遇到这样的问题，看到文章过来交流分离焦虑的话题。

工作上，因为集中培训的大型活动总是有限，为了更好地影响和引领更多的班主任及家长，我再三思考，开学推出了工作室一个"德育园地"的公众号，定期推送成长所需资讯，以起到细水长流、潜移默化的效果。

优化工作，提高效率，创造更多效益，应该是高效能人士积极主动去践行的旨归。

我也引导沉静的女儿成为积极主动的人。小时候如此，现在也一样。比如，到大学后，学生会的自荐，研究生的准备，我鼓励她如果自己想争取，都要主动为之。不问结果，只问耕耘，保持良好的状态去遇见更好的自己。孩子表示同宿舍的几个姑娘，不太勤奋，回到宿舍就是玩手机。

如何让自己心平气和地保持勤劳和勤奋呢？我这样引导她：和同伴多分享，包括食物、事情、心情等，在宿舍里多干点活，打扫卫生、整理房间要积极主动，不要计较做得多，吃亏是福。宿友们要互相陪伴四年，她们是生命中非常重要的他人。个人对学业、对优秀的追求不影响做一个与人为善、心中有别人的人。在集体中，首先不是成为优秀的人，而是成为对团队有帮助的人、善解人意的人、受人欢迎的人。愿意多劳动、多付出、能体谅别人的，应该会受人欢迎。快乐是自己的选择，优秀也是自己的选择，但不强求别人。别人是教导不了的，只能影响。做好了自己，可以带动和影响宿友们。事实上，这个年纪的同学很多也是迷惘和幼稚的，身边有目标明确、自控力强的同学，耳濡目染，或许也愿意向着优秀而奔。所以，为了优化自己宿舍的精神环境，我们可以不明哲保身，可以主动而为，可以试着大胆做好自己，并去影响去改变，改变不了，就安然接受，独善其身。

积极主动的习惯，提醒你遇到事情主动去解决，而非被动等待，或暗自神伤。朋友 F 是一名资深副校长，去年，曾经帮过她的一名外单位教师第一次做校长，空降过来成为她的顶头上司。为树立威信，经常在行政人员面前挑剔她。F 心里很不爽，对工作的劲头也锐减，但出于曾经的帮扶之恩，又不好意思反驳或对立。我建议她主动出击，找到合适的机会去积极沟通，去说明感受和心意，表达自己的需求和希望，以改善自己的工作生态。今年一开学，F 主动找校长交流，坦露心迹，直抒胸臆，校长也意识到了不妥，表示以后会注意工作方式方法。F 说，谈开后，如释重负。开学后虽然非常忙碌，但心情和状态好多了。

再来说说"要事第一"的习惯。

一般来说，事情可以分为四类，第一类事务，重要而紧急，比如接电话、危机处理、定时检查的争创工作等；第二类事务，重要但不紧急，比如，预防性措施、培育产能的活动、建立关系、制订计划和休闲，像学习啊，锻炼啊，旅行啊，优化关系啊，都是；第三类事务，不重要但紧急，比如，某些会议、电话、信件等；第四类事务，不重要也不紧急，比如，某些琐碎的工作、消磨时间的活动等，像玩手机啊，煲电话粥啊，都是。

　　不少人一天到晚疲于奔命，让琐事牵着鼻子走，但细看之下，发现总被第一类或第三类事情弄得急功近利，压力很大，又精疲力竭。或者稍有空闲就把时间浪费在第四类事情上，没有产出，也无助产能，虚掷时间，心生懊恼。

　　高效能人士能把目光放在平衡产出和产能的关系上（如果说母鸡生蛋是产出，那母鸡的生蛋能力就是产能），将时间和精力集中在重要却并不紧急的事务上，即第二类事务，以 20% 的活动取得 80% 的成果。

　　要事第一，既提高个人的处事能力，又可以有效地管理自己的时间和生活。

　　要事第一，就要明确自己的目标是什么，要有勇气说"不"。譬如我，带团队要不断地支出，支出精力、脑力、心力。一年忙下来，真的是身累心累。暑假里只想好好休息，调整身心状态，阅读一些好书，更新迭代自己，以抖擞的精神再去迎接下一个学年。有朋友看到说，你每天坐着没事，不如我孩子送你家帮我辅导吧。呵，我怎么会没事呢？无论阅读、思考，还是锻炼、旅行，我都在提高自己的产能呀。

　　为了可以让自己安心地工作、思考，对于上有老，下有小的我们，我一贯是这样的：平时空闲时，多关心引导孩子，多体贴问候老人，让孩子健康无忧地成长，亲子沟通顺畅；让老人开心无虑地生活，没有后顾之忧。

　　建设良好关系，无论是亲密关系，还是亲子关系，不是等到事情出来，再头痛医头，脚痛医脚，自己手忙脚乱，亲人还怨声载道。后方稳定，你才可以愉快工作呀，这不是要事第一吗？

　　要事第一，就要学会计划，学会授权。这一点儿，我做得还是可以的。家里厨房里的事，婆婆很有成就感，厨房自然是她的责任地，我从不指手画脚；对于动手动脑的事，是老公的，哪怕他不在家，也要等他回来再处理；孩子的小事，也基本让她自己解决，这次去上大学，很多东西都是她自己购买和整理的；工作室里，分工明确，责任到人，各司其职。大家热火朝天地干，互帮互助地学，我负责"看见"与鼓励，思考资源的调度、效率的提升、方向的引领。

　　当然，要事第一，还要有自知之明，做不到的，就要缓冲自己的心灵，学会自由和变通。

　　读进去，想开来。好书不厌几回读，一起来。

板子打在谁的身上

上学期，有位一年级家长来提意见，说自己的孩子在学校很孤单，小朋友不待见他，没人一起玩，没味道，孩子住校时很想家。

家长大约是在责怪老师，对孩子关心、引领不够，没有让孩子在校像在家一样温暖开心。

可是，板子真的只是打在老师身上吗？

实事求是地讲，这个板子应该先打在家长身上。

如果你看过阿德勒的《自卑和超越》，你就能很好地体会了。

为何呢？这个孩子，从小，要么是被宠坏的，要么是被忽视的，他的交往、合作能力没培养好。这个能力需要父母从小认识和培养，它不是一蹴而就的。现在读一年级了，又是在寄宿制学校，那么，孩子与同学处不好关系，在团体里找不到位置，与小伙伴无法快乐融洽地嬉戏，那是必然的结果。如果老师忙着教知识，也没有充分地意识和关注到孩子合作能力的问题，没有及时和家长进行沟通交流，协同教育，那么被家长误会和转嫁责任，也是常理之中，因为家长不了解孩子的心理发展，没有自知和觉察。

读了阿德勒的《自卑和超越》，对于为什么孩子不能宠这个问题，我又有了新的发现。

以往的认识是，被宠溺的孩子，不独立，缺少自理能力，依赖心强，规则意识差，自我中心，自以为是，但实际上因无法充分施展能力而自卑，无法深爱家庭，不懂得感恩父母，不珍惜美好生活，一切觉得理所当然。

现在进一步认识到，孩子会形成一种不正确的生命观，没有社交兴趣，不会合作，处理不好关系，包括同伴、亲密关系等。社会情感不健全，容易有心理问题，甚至走上犯罪的道路。

我不禁想到，寒假里走亲访友，经常听到的是，某某的孩子已经三十或好几了，还没有对象。孩子自己无所谓，可家长却明显很着急，有的甚至还不断委托我们帮忙物色伴侣，急切之情溢于言表。

真是皇帝不急太监急。

皇帝为何不急？我们可试着解读。

男孩子女孩子被剩，自然有自身原因，比如工作忙、手机控、想自由，主观谈恋爱的欲望不强。也有社会原因，比如离婚率居高不下，不婚者也不断涌现，对适婚的男女青年也造成了一定的恐惧，而且随着时代的进步和社会文明程度的提高，对单身者甚至不婚者也逐渐包容，青年男女可以被剩得理直气壮。加上当今社会生活丰富多彩，活动光怪陆离，单身并不孤独。这显然减弱了男女青年走进婚姻，去主动接受束缚、增加责任的动力。

看了阿德勒的观点，我们完全还可以说，更深层次的原因是家庭教育的问题，在家教中，独子一代，二胎中的长子，都是被宠爱过的，与父母的合作能力不强，与社会的合作能力更弱，合作交往能力欠缺，同伴交往能力差，让男女青年们没有能力去尝试创造良好的亲密关系。

婚姻、爱情是最深的合作，剩男剩女们手足无措，没有能力应对，内心深深自卑，却又不知道如何下手去改变，只能顺其自然，听天由命。

回到文章开头的孩子，那么亡羊补牢，如何让孩子有意愿有能力去合作？

首先，要加强生命教育，完善孩子的生命观。和家长密切配合，在小事中，引导孩子发现爱、感受爱，体会身边人的付出，受到触动，引发感动。

其次是让孩子学着付出，感受付出的快乐，给别人带来的快乐，体会助人自助，从而渗透生命的意义。

然后，是在各种活动中培养孩子的合作交往能力，如长期的守护天使活动、每日为人做一件好事、每日感恩一个人、小组的高效平等学习、合作对象的随机组合定期更改等。

合作能力，是孩子迈向未来幸福生活的重大保证。从小，家长要敏锐地关注、正确地教养，也需要老师的重视和引导，这样，孩子才能真正在各种社会关系中自如自得。

辑八　点赞孩子

　　用挑剔的目光看待孩子，看见的是很多缺点。但若用欣赏的眼光看待孩子，则能发现很多惊喜，甚至让人油然而生感恩之心。孩子是上天给我们的礼物，智慧的父母善于点赞孩子。

给女儿的一封信

亲爱的女儿：

祝贺你，十八岁了，多么美好的年华！有着最可爱的笑容，最青春的身姿，最美丽的梦想，最憧憬的远方……

孩子，平时我们的交流是特别多的。今天要写这样一封信，百般滋味涌上心头，真是又喜悦激动又失落惆怅。因为你长大了，意味着要远离，要独自去飞翔，我们只能深情目送，默默祝福……

时光总是匆匆太匆匆，很多关于你的往事如电影一般从眼前掠过——你扎着羊角辫子在幼儿园小小个的害羞；小时候死活不肯穿裙子的赌气；小学时在各种过山车海盗船前天不怕地不怕的神气；每次去书城备好零钱送给门口蹲着的老人时的喜悦；每天乖乖吹笛子的守规则；小时候心直口快只说真话的可爱；到六年级依然对圣诞老人深信不疑的纯真；一坐下来画画就是几个小时的耐心专注；说起梦想来的执着与坚定；对父母无话不说的坦诚……

从小你就是个乖孩子，没有给我们添多少麻烦。自己的事会思考、判断，自己的任务会负责完成，也没有什么叛逆，让我们很省心。有你这样一个孩子，也是我们做父母的福气。有时我们看着你，就像看着我们的优秀同伴，充满了喜爱和欣赏。

我们最喜欢的是你很善良。你从来不跟人吵架，对家人、对朋友，总是有一份同理心，有一份换位思考，所以你很少任性；对同学，你也欣赏与慈悲兼备，对于同学的倾吐，你总是耐心而专注地聆听；对同学的优缺点，也能很客观地看待，从来不奢求别人。

我们最佩服的是你有梦想。小学五年级时，你就说了长大后要做画家。从此，周末、寒暑假你就与绘画紧密结缘。每一个辅导老师都夸赞你有悟性，更有耐心，不声不响，两耳不闻周边事，一坐就是大半天，一心只画心中图。中考完毕后，你的每个暑假、寒假就泡在了画室里，特别是集训的大半年，每天七点多到画室，晚上近十点左右离开，回家还要琢磨一番。这些辛苦与汗水，也真是一般人所无法承受。你说，很多人做艺考生，是把学画当作一种手段，去敲开比不做艺考生可能更好一点的学校，而我不是，我是真心喜欢画画，并且有执念一辈子与画不分开。小小年纪就知道自己想要什么，想干什么，兴趣和目标在哪里，在这一点上，你比一般的同龄人要活得稳重、清醒，同时也幸福多了。

我们最欣赏的是你还有一份豁达和坚强。你很执着上进，但你心态不错，有一份默默的刚强。联考发挥良好，但最后成绩却让你非常气愤和不平，也让老师不可思议。你哭了几回，但很快又平静下来，全力以赴投入到美院校考的准备中。吴老师说，天道酬勤，这是真理。校考七八万人里挑一千多人，前路坎坷，但，谋事在人成事在天！做好自己，拼到极致，结果就顺其自然。一个有水平又足够努力的人，一定会笑到最后的！人生长着呢。这个我们已经达成了共识。这不，你又很认真地投入到选考的准备中。做好当下，是你的一份豁达、清醒和顽强。

亲爱的郦帆，18岁，成人了，多么光荣的事，但也意味着你要更独立，更有担当，学会为自己负责，学会扛住更多，也慢慢地学着去回报家庭和社会。你热爱生活，目标明确，一定能履行好属于自己的责任。

高考，是人生中难得的经历，是对自己知识、能力、才华、智慧、心态、思维等多方面的考验。相信你能做生活的强者，在这样的考验中，涅槃重生，遇见更好的自己。

你在路上奔跑，我们永远是坐在路边为你鼓掌的人；你在风中绽放，我们永远是默默注视和欣赏你的绿叶。

祝福你校考如意，祝福你四月和六月的高考也能信心满满，旗开得胜，收获理想的成绩，为梦想的实现添砖加瓦。

祝贺你的美好18岁！也祝贺你的美好一生！

永远爱你支持你的爸爸妈妈

2019年3月1日

铭记这神圣的时刻

孩子，你成人了，祝贺你！

今天，在学校组织的高三成人礼仪式上，你们欣赏老师朗诵的祝福你们的诗歌；你们聆听同伴铿锵有力的《少年中国说》；你引以为豪的儿时同学小张代表高三学生上台发言；全校学生激动地穿越了象征成长的成人之门；你们也接受爸爸妈妈为你们戴上的成人帽，同时，你们收到了来自父母的一封祝福成长的信笺。

铭记这神圣的时刻。你们很激动，父母们也很激动，小不点们长大成人了，你们的肩头将扛起责任，将学着为自己负责，为家庭负责，为社会负责，这是多么神圣而又光荣的事情啊。

就像小树苗长成大树，需要大地承载、阳光普照、雨露滋润；就像花儿的绽放，需要酝酿多久的时光；就像破茧成蝶，需要几多的积累和培育，你们的成长，也凝聚着父母多少的含辛茹苦和殷切期望！

现在，你们长大成人，梦想与青春同在，责任与成长共生，你们成为社会的栋梁，指日可待，作为父母，最大的心愿，不就是让孩子们成为对社会有用的人吗？

乌鸦反哺，羊羔跪乳。你们也必将让自己变得更为强大，来感恩父母，回报父母。谁言寸草心，报得三春晖，相信你们！

相信你，孩子！

戴上成人礼帽的你，稚气未脱，却也目光灼灼。这个时刻，永载史册，非同凡响。

收到了你的回信，语言简洁，平淡中见自信和真情。

你说，我之前一直在想，为什么我在同龄人里会显得相对平静，更明辨是非，或者像老吴以前说的，我有一些一般女生没有的品质，我认为最大的原因是你们比其他父母多了一些信任和支持。我不需要在你们面前作秀，无须把精力像大多数人一样花在躲避父母的目光上。这是我一直感激和珍惜的事，人这一生能在父母这里真正做到轻松自由的，前途必定也会光明不少。

你还说，过了这成人门，也代表着我将更成熟，更有责任意识，更能看清自己的路，我很庆幸我有不变的理想，哪怕失败也依然有这份信念。所以我们都不必担心，好结果对我来说永远不会缺席。

你又说，既然已经成人了，在这里叮嘱几句，爸爸妈妈注意身体。爸爸随着年纪增长要有点儿新的有益身心健康的爱好；妈妈则不必要对一些事过于上心，有些人改不了，有些事也顺其自然，开心最重要！

这不就是责任吗？这不就是反哺之情吗？

还让人感到欣喜的是，你由衷地敬佩和喜欢人格优秀的朋友。今天仪式结束，你拉着我们去找小张，让我们看看他，其实是祝福他的精彩发言。你大方地和他并排，让我拍合影，还一起自拍，非常自然。我夸赞小张同学写作和演讲水平高，眼界开阔，有担当、有格局，非常难得，日后必将成为社会的栋梁之材。

回来的路上，我们一起评点小张的优秀，人聪明、善良、包容、低调、谦虚，知识面广阔，有社会责任感，有理想，目标很明确。聪明的孩子不少，但人格高尚，有社会担当的小青年不多见。

我说，祝贺你，有这么优秀的同学，还是好朋友，可见你的价值观也非常正确，这是成长的表现。

成长意味着，我明白想做什么，想成为怎样的人，想和怎样的人交朋友，目光如炬，穿透黑夜，直达光明。

成长真好，孩子，祝福你！

给女儿的毕业留言

女儿把同学写给她的毕业留言拿给我们看，落落大方，坦荡又信任，我一感动，说了句，要不我也给你写几句吧。女儿很高兴地把留言本交到我手上。一言既出，驷马难追，我就必须遵守诺言了。

我是这样写的：

亲爱的女儿：

这几天，可以说是一生中比较特殊的日子，你每天起早摸黑、废寝忘食地学习，真的辛苦了。

你总说，辛苦倒是不怕，就怕不快乐。确实，这样紧锣密鼓的时间安排，从你绘画训练开始，已经是常态了。

如此紧张的复习中，你每天能保持好的状态，保持正能量，保持平静的心态，真的挺好的。以后哪怕遇到像高考一样有强大冲击力的事情，你一定也能坦然地面对，从容地过好自己的人生。我们可以放心。

前期有几个状况完全出乎你的意料，伤心难过是正常的。老天总是和他想考验的强者开些玩笑。但你又重拾信心和斗志，重新调整前行的方向，有松树一样的坚定，又有小草一样的灵活。

天将降大任于斯人也，必先苦其心志，劳其筋骨。你目标很明确，你有自己的步履，有自己的梦想，不因岁月的流逝而改变。一个有理想的人，一定会走得很远。让我们拭目以待。

你非常自律。每天手机放在桌上或床头，你忙自己的学习，有自己的节奏，不看就不看，心不慌乱焦躁，争分夺秒与时间赛跑，尽最大努力补落下的知识。光是这一点自控力，你已经把很多同龄人甩在后面了。

最后阶段，你和同学轻松愉快地相处，一起经历人生中难得的拼搏时光，在一条战壕中结下永远的友情。这段日子以后回忆起来，一定特别美好而温情。

你的班主任吴老师、语文王老师以及英语陈老师，四月以来也是马不停蹄，为了保驾你们的前行，助推你们的奋进，他们呕心沥血、挑灯夜战着。这些生命中的恩师和贵人，你一定会永远铭记。

默默是离别的笙箫。三年高中，马上拉下帷幕。这三年，我们相依相伴，良好沟通，留下了一生中美好的亲子时光。此去经年，你将读大学、参加工作、成家，我们将不再有这样朝夕相处、形影不离的岁月。但是，对远行的船帆、远飞的雏鹰，作为父母，唯一能做的，就是目送和祝福。因为你的背影会告诉我们——不必追。你有更宽广的海洋和蓝天。

这几天，你情绪平静、自信满满地去应对最后三门考试，尽自己所能，无怨无悔。

你已经畅想并安排了假期的学习和旅行，自律的孩子总是与众不同。在坚持和韧性上，我们都要向你学习。

人生是马拉松，岁月从来不会辜负一个热爱生活、坚持学习的人。祝福你，孩子！

永远爱你的爸妈

2019 年 5 月 28 日

为何不谈恋爱

帆选考完毕回家。饭后，我们两人走路去购物。

路上，她幽幽地说，又要去集训了，和同学们分别了，我好难受啊。

我道，是呀，为了理想，没办法，只能不定期地来一次断奶。

帆道，最近准备选考的两个月，我周围几个男生不谈恋爱了，所以我们相处甚好。

备考的两个月，帆在校学习。虽然肯定有压力，但她每天还是平静甚至开心的，可见同伴关系良好，让她愉悦。

你为什么不谈呢？我趁机问。虽然这个话题我们在两三年前就几次交流过，帆也冷静地说，她是不想在高中恋爱的。可是，青春期走到一定时候，渴望异性关注，渴望更深层次的交流，渴望得到更多人的肯定，这样的需求会变得越来越强烈。

我想听听孩子真实的想法。

我们的沟通基础是好的，简直无话不谈。帆很爽快说开了，我倒不是看不惯或排斥，毕竟谈恋爱在高中太普遍了，只是我想得多。

第一，老大虽然在大家面前不避讳说起恋爱的事，有时会开玩笑地问我想找什么样的男朋友。但他单独跟我提醒过，为不影响学画，绝对不能谈恋爱。专注才能很投入地画画，否则一定会分心。

第二，我发现班上好些男生谈恋爱不会影响学习，还挺有好处，让他们学会跟女孩子相处，有利于他们成长。但对女同学来说，成绩基本会下降，心情也跟着起起落落。

第三，班上可能也有男生可以成为恋爱的对象。但我一想到最后会失去一个朋友，就觉得特别可惜，还是算了。看我们班上的几对，恋爱时很好的，一旦了解了脾气，太熟悉了反而都分开了，分手了便形同陌路。如果现在去交男朋友，不可能永远走下去，毕竟到结婚太远了。最后肯定分手，连朋友也做不成了，那岂不是因小失大？

第四，我从没跟人说过，好像有点儿装逼。

我笑着看着帆，不言语，等着她装逼的高论。

她窃笑着说，我觉得自己现在也只是菜鸟，当然只能找个鸟人。不如把自己整得优秀点，以后找个优秀的男朋友。可能我有点儿要求吧，我觉得周围的男同学还是有点儿幼稚的。

我惊叹道，你想得可真周到而理性呀。

帆说，一般同学都注重当下，现在和谁一起开心就和谁一起，不管那么多。我可能想得多，想得远。若同学知道了，可能会笑我太累了。

那你累吗？对这个问题我才真正关心，我竖起了耳朵。

不累啊，我又不是天天纠结。只是念头闪过，就这样做了。应该已经形成了我的价值观吧，价值观不需要天天去想一遍的。

我拍拍她的肩，赞道，你想得对。来日方长，把自己整优秀才是良策，不负时光不负青春。待心智成熟，你一定能选择到自己真正想要的。时光不会辜负一个清醒又自爱、自强的姑娘的！

何况你还有颜值，加上才华和智慧，肯定无敌啊。

夜色中，是两个"自大狂"肆无忌惮的大笑声。

我看透他的一生了

妈，我看透他的一生了。

我吓了一跳，谁啊？

女儿郑重地说，就是 N 同学啊，这脾气太爆了。

女儿把来龙去脉说了一遍。

原来上化学选修课，N 同学看到老师讲课讲得不明确，非常生气，对化学老师他诟病已久，还没下课就直接出来了，怒气冲冲回到教室。正好教室里有五六个同学在，女儿就是其中一个。她目睹 N 同学满脸通红，怒不可遏，冲到座位上，拿起书在窗上、桌上乱砸，嘴里还叫嚣着，没水平的臭老师！旁边有个女同学被吓得哭起来，可见男生的火气之大，面目之狰狞！

更让人不可理解的是，下课时他冲出教室，大约去化学老师办公室了，等回来，生物已上课了，老师正在讲台前给全班同学讲习题。N 同学依然火球一样猛冲进来，发出巨大的声音。有个女同学说了声，息怒息怒。他吼一声，息个屁。女同学吓得缩了脑袋，生物老师也朝着全班同学表示受了惊吓一样拍拍胸脯，然后说了声，快回座吧。N 同学回座位，嘴里还念念有词，大约还在骂化学老师，同桌已缩到一边去了，怕城门失火，殃及池鱼。

女儿评价说，N 同学的情绪控制能力太差了，老师也没批评他，就因为他觉得老师讲得不好，水平不高，没合他的意，浪费了他的时间，就气成这样。他的同伴交往能力也不好，班上的男同学基本看不惯他，连最大度善良的 D 同学上次都在说他太自私，动不动就向老师打小报告，看来他人品真有问题。

当然领导老师非常肯定他，因为他成绩确实优秀，是冲北大清华的料。有好几位老师经常在全班面前夸他，说他学习有方法，善于总结反思，是大家学习的榜样。可大家却并不喜欢他，因为他自以为是，不会为别人考虑。

女儿掷地有声地说，我看透他的一生了。他成绩很优秀，必然会进名牌大学，可是，再优秀的人，交往能力差，不会跟人合作，以后工作怎么干？不拼分数了，怎么做好事业？而且他爱生气，肝胆功能会不好，健康长寿会受影响。脾气差，若以后爱家暴，谁嫁给他？

女儿说得头头是道，很有深意。

是啊，分数能敲开北大清华的门，但敲得开一生平安幸福的门吗？

我不禁陷入深思。上两周，浙大博士跳江，留下的遗言里告诉大家，他跟这个世界处不好，与人的关系不怎么样。

前几天重庆公交车坠江事件的原因以监控方式公布于众，舆论哗然。原来是一个女人坐公交车坐过头了一站，叫司机停车，司机不肯停。女人两次打司机，司机还击，导致打方向盘时幅度太大，无法控制，撞上小车，冲破桥栏，坠入江中。如果女人能心平气和，司机也能做到不急不躁，那么这样惨烈的事情完全可以避免。女人错过一站，另外 14 个无辜者却跟着赔上了一生。情绪控制不好，真是害人害己害社会啊。

可是这样的人，这样的事情，总是此起彼伏地出现在我们的生活中。

不会交往，不会沟通，不会管理情绪。可是，他们也不是突然变这样的。

这些人在小的时候，我们为父母，为师长的，有过预见，有过引领吗？

如何消除误会

浙外的通知书也拿到了，还有长长的暑假，我和帆相约每晚一起跑步或走路，锻炼身体；同时，我们要讨论一个话题，话题可以我定，也可以帆定，以锻炼思维和口才。

当然，我的用意还有更深的一层，想在孩子去展开大学生活前多渗透一番生存、生活、生命教育，理一理三观。毕竟之前这么多年孩子一直读书、学画，埋头学习，没有大块的空闲时间。我们的交流虽然良好，但往往零打碎敲，没有系统，很多方面也缺少深入。趁这个假期，亲子可以教学相长，在思想认识上，各自更上一层楼。

饭后，帆说，我们走路去吧。我竖竖大拇指夸道，执行力很强啊，说话算数。

路上，我抛出了一个话题——如何消除误会。

白天我接到一对朋友的电话，微不足道的小事却各自小题大做，引起了比较深的误解；上大周放假那天，一对中年级家长过来接孩子，本来是和我探讨家庭教育问题的，说着说着就谈到孩子老师的问题了，其实都是几件很正常的小事，却因为没及时交流，家长产生了误会。

所以我把这个话题抛出来，让帆引起思考，表达看法。

帆一开口的话就让我吃惊。她说，我认为需要从源头去把控，就是如何不产生或少产生误会。很多误会，是因为自己的思维方式不正确，想得有偏差。每个人只要知道，自己要什么，会抓重点就好了，有些事就可以大事化小、小事化了，不必去在乎、纠结。很多人会因别人一点点事而生气、误解，其实没必要。比如，家长对老师有误解这个问题，家长最想要什么，肯定是和老师一起好好教育孩子哪，那就多多交流呗，你在这边生气误会根本无济于事。

我说，是啊，思维方式有问题，行为就会有偏差。比如一对夫妻，如果觉得最重要的事，就是事业顺利、家人健康和睦、孩子积极向上，那其他的一些小事，可以睁只眼闭只眼，轻松洒脱些，不要太上纲上线。不要因为一双臭袜子，认为是对方故意捣乱，产生不愉快和误解；不要因为一句话听不顺耳就吵起架来；也不要因为从来不肯说些温柔好听的话而使伴侣不开心。

男女谈朋友，如果你认为重要的是三观契合、沟通良好、志同道合，那就不要因为对方多喝了两口酒或忘了买一次礼物而产生很多不必要的误解，净纠结类似"是不是自己不重要了，对方是不是不爱自己了"这些问题，产生太多的内心冲突，浪费时间，败坏心情。

不过，一般人，走着走着，就把初心给忘记了，心情、关系全败给了小事。

帆点点头继续说，换位思考也很要紧，要多想想对方为何会这么说，这么做，也许站在对方的位置，也是很合理的。就可以少一些责怪和误解，心情也轻松一些。

我问，如果误会已经产生，怎么办？

帆说，那就想办法去解决，坐下来谈谈呗。

我追问，一次谈不好怎么办呢？对方听不进去怎么办呢？

帆说，那就多谈几次，多想想怎么让对方听得进去。也可以发微信、写信啊，方式是多样的。

我说，对啊，谈的态度、方式、语气都很重要。其实要把同学、朋友、伴侣、爱人、孩子当谈判的陌生人一样去谈。我们肯定尽量避免在谈判桌上和对方吵起来吧，那就需要尊重对方，少一些自以为是或先入为主；然后要有正确的认知，清楚双方有分歧也是很正常的，不用着急上火，可能一次两次谈不成，需要多次面对面，若谈不好也不要泄气或埋怨对方不像话不是人，要有耐心和信心不断跟进。只要双方利益是共同的，其他应该都是可以商量和磨合的事情。精诚所至，金石为开。只要有心，功到自然成。

当然，有些误会也不用太在意，特别是无关紧要的人对个人的不当评价之类。大胆做自己，把真相交给时间。

炒饭与自由

暑假，婆婆在家，我们都成了甩手掌柜，厨房都给了婆婆。

我和帆各自躲在房间成一统，顾自己看书、写字，消磨时间。

婆婆出去旅游八九天。我早早就和帆约定，要学习做菜了。

正好发小的女儿来诸暨，到我家来，帆却早就约好与同学一起吃中饭。我赶紧说，那晚饭前你得回来呀，客人小依在，晚饭需要你出力呢。

大雨中，我一直看书静等，也不打电话给帆。五点十分，帆终于收着雨伞进了家门，我说，小主人终于回来了，等你安排晚饭呀。帆忙解释，公交车坐了一个多小时。我不计较这些，赶紧安排正事。

今天的正事，就是教帆做菜。

三碗菜，红烧肉婆婆做好放在冰箱，热一热就可以。我们打算炒一碗虾，做一碗番茄炒蛋。

在我的指导下，帆小心翼翼地切菜、炒菜。我在旁指点的同时，也谦虚地告知，我几年来很少做菜，手法已生疏，你若想更好，可以看看视频，学学好的做法，年轻人的学习能力肯定是不可预估的。

三碗菜捧出，我和小依品尝，味道还可以，比起婆婆的当然有差距，但帆第一次做菜，也算很不错了。

帆说中饭她吃饱了，吃不下晚饭，就去房间里画画了。

我想，是不是心里没底，有点儿惶恐啊。我一边吃一边故意大声说，菜味道不错啊。我悄悄对小依说，我们把小帆炒的两碗菜都吃成光盘吧。

小依心领神会地和我一起很卖力地吃撑了肚子。

然后，为鼓励新晋厨师，我把帆做菜的照片和光盘照片都发到一家三口人的群里，外出的老爸表示很激动，马上发了几个大红包。

趁热打铁，又让帆洗碗。她得到夸奖，菜变光盘，收到红包，自然是喜滋滋地去洗了。

第二天中午，本来说好我们两个人炖小米枸杞粥，帆说，我想吃炒饭。我说，还有冷饭，要吃你自己做吧。我不想吃炒饭，就煮点儿玉米和鸡蛋吧。然后我就在电饭锅里放了玉米和鸡蛋，帆就在我的点拨下做出了香喷喷的炒饭。

我们开开心心地吃。我问帆炒饭味道如何，她自豪地说，挺好的，感觉比奶奶炒得好吃呢。

我趁势推进，恭喜你啊，向自由生活又迈出了一步。

帆疑惑地看我一眼。

我继续说，你学会了做饭，可以让自己自由啊，可以不等着别人做给你吃，不依赖别人，也可以拒绝别人，自己有了选择的权利，就对生活有了掌控感，幸福指数也会更高些。相反，只会依赖别人而活，没有独立能力，没有自主权的人，幸福度会低一些。

自力更生的劳动能让我们更好地照顾自己，也在更大程度上获得了自由。

给会解决问题的孩子点赞

读大一的帆跟我说了一件关于沟通的事情，让我不禁连连点赞。

因为二维课、三维课作业多，几位室友往往做到三更半夜。

一天早上，她们打开门，发现门上贴着一张纸，是楼下四位学姐联名写的，大意是她们马上要考研，晚上睡不好，经常被楼上的水声、脚步声吵到。希望能注意一些，早点儿睡。语气不是特别友好，但用词还算中规中矩。

帆相对睡得早些，平时 11 点前基本上床了。被提醒了之后，几位熬夜的室友特意轻手轻脚、小心翼翼起来。

几天后一个清晨，六点左右，大家尚在睡梦中，两位学姐冲到了楼上，把她们的门敲得咚咚响，大声呵斥：要跟你们说多少次啊，晚上轻点轻点，水管就在我床头，半夜还洗洗洗，水声吵得人根本没法睡！再半夜不睡觉，下次再找你们！说完就踩着重重的脚步声下楼了。

帆四人吓得没吱声。等她们走了，四个人你一句我一句议论开了，有人说，"真是的，把整层楼的同学都估计吵醒了！"有人说，"我们也不客气，写几句难听的怼回去，贴到她们门上，太没素质了！"有人说，"明天我们也去敲门呗，以牙还牙！"

后来，大家一致同意写纸条。

帆怕室友过于冲动，连忙说，我来写吧。

帆是怎么写的呢？她把大意告诉我。先是真诚道歉，对深夜吵到学姐们睡觉的行为表示歉意，再表达共情：马上要研究生考试了，肯定压力大，本来就睡不好，加上稍有些干扰，更是雪上加霜。接着为伙伴们小小解释一下——作业太多，不得不深夜赶工，今后一定注意些。最后送上希望和祝福——能自己调节心情，压力不要太大，劳逸结合，好好复习，顺利应考。当然也有克制地提醒了一下——以后有事一起商量，和平解决，像早上这样引起多方不适的现象尽量避免再次出现。

室友们一看，都说帆写得太宽容客气了，要骂过去才解气。帆没有依她们，晚上赶紧贴到楼下学姐的门上。

第二天早上，帆打开门，发现门上又出现了一张纸条，满纸是歉意，说昨日态度恶劣，请学妹们原谅。确实是压力太大，心浮气躁，稍有风吹草动就心烦意乱，主要还是自己的原因。晚上的水声都怪隔音不好，也请学妹们早早洗刷，再用功到几点都没关系。最后表达祝福，希望学妹们好好学习，期末取得好成绩。

事情圆满解决，大家如释重负。正如学姐们请求的一样，每晚，帆的室友们早早就洗刷完毕，再轻挪轻放地在课桌前用功，走路也是更加小心，当然，能睡一定会早点儿睡了。

遇事冷静，能控制情绪，善于设身处地，换位思考，通过妥当的语言进行沟通，学会共情，达到理解别人也求得别人理解的目的，不激化矛盾，不恶化关系，解己知彼，真正能实现双赢——这是我夸赞帆的。

然后我再提升一把，跟她交流说，人生就是解决问题的过程，读大学，很多事情要一个人学着处理，甚至有太多的情况都是首次面对，只要目标明确，思路正确，善于将心比心，本着双赢的目的，就能做好自己个人的事，也能良好沟通，实现合作，从而让自己学得快乐，也生活得幸福。

我们培养孩子，就应该从小教孩子学会处理事情，学会解决问题，这样的能力是分数不可比的，它是实现幸福人生的基石。

辑九　话说教育

生活处处是教育。有心的老师和家长，严谨出发，以身作则，并从细节中看到教育，解读教育的内涵，找到教育的契机。教育无小事，师长无小节。育人，从细节开始。

难得是踏实

有个家长朋友的孩子，平时不够认真，学习态度比较随便，是老师摇头的那种类型。父母忙于工作，也没空陪伴，疏于管教。所以孩子平时的成绩总是不尽如人意。

但以往是这样的，一到期末，父母齐上阵，每天督促着孩子复习，听写、背书、做练习试卷，左右开弓，热火朝天一两周。小学的功课，临阵磨枪，不快也光。期末分数就出现了惊喜，比平时的成绩亮眼很多。

于是，吃好吃的，玩好玩的，接受亲朋好友的祝福，父母也是喜不自胜。

今年，大家自然也在等待这样的惊喜。

期末父母帮一把，给孩子的学习抓一抓，是必要的；成绩考得好，表扬几句，也无可厚非。但有一点，我觉得作为父母应该清醒，孩子平时是不努力的，学习态度不端正，但人很聪明。期末的好成绩对他来说，引导不好，更多的是坏事，因为会让他觉得，平时不太需要努力，反正期末时，加班加点用功一下，成绩一定会有意外之喜，这就会强化他的侥幸心理和临时抱佛脚的心态。

父母更应该做的，不是期末去表扬和夸大他的成绩，而是平时就要严格要求他形成良好的学习习惯，保持一如既往的踏实学风。到了期末，反而可以让他根据自己的节奏去复习整理，而不是揽过责任，监督他学习。好的结果，坏的结果，学着让孩子自己承受。这样孩子的主动性、责任心才更有可能被激发，人也会更踏实稳重。

临近期末，朋友的学科要被抽测。这是她刚接手的一个班级，学风一般，学生基础落后，后进学生很多，以前老师也没有调动多方面力量，学校、家长也不重视。现在老师想方设法引导家长、学科搭档们一起协同教育，习惯、学风都有改观，但短短时间，学科综合素养要突飞猛进也是很难的。

人人都很想要喜讯，哪怕是侥幸的喜讯，这会鼓舞士气，让人心情良好。

但有时，失败也未免不是好事，失败可以警醒大家。

有些事，是无法一蹴而就的。学生的语感不可能一下子被突击，需要细水长流。就像人的综合素养的形成，需要持续引领，还需要等待。

办学也好，教学也好，培养人也好，踏实最可贵，也能走得最远。

天道酬勤。天没酬，那是我们火候还不够。但是，老天的眼睛，就像群众的眼睛，都是雪亮的。付出一定会有收获，只是时间的问题，只是反馈方式的问题。

但不努力，不踏实，凭侥幸，终究不会长远。

听一个朋友说起了期末家访的事，她说，我算是认真的，每次会上门走访一些，校访一些，电访一些，保证每个孩子的家长都被联系到。周边也有从不上门走访的，但表格上还是被写得满满的。

不禁让人感慨，踏实的世风确实今非昔比。

记得十七八年前，我在一所学校做教导，还兼了一年的班主任。那一年，放寒假和放暑假时，不管寒风凛冽还是骄阳似火，我都是骑着自行车，一户户去家访，没有两三天时间，三十四名学生家里还走不下来。不仅我是如此，周边的班主任都是踏踏实实去看看孩子的家庭成长环境，和家长聊几句，说说孩子的培养问题，花几天时间也是安安心心的。

但几年以后，风气就慢慢变了。因为争创工作多起来，有些资料，从上至下，大家学会了上网找，依葫芦画瓢，甚至弄虚作假，偷天换日。然后，从领导到老师，大家也学会了睁一只眼闭一只眼，全民蒙混过关。

然后，造一点儿，借一点儿，都可以把争创工作或一些表面工作做好，甚至还能受到表扬。那平时埋头苦干、严谨认真是不是显得有点儿不合时宜了？如此环境之下，很多人心态浮躁，做事不扎实，蜻蜓点水，应付了事，也是情理之中了。

所以，如果十几年前，搞争创时，凡是有弄虚作假的，一律是严肃处理的；如果期末测试时，因为底子薄弱、结果一般，大家都是心平气和，加强反思，有方向有目标会再接再厉的；如果孩子期末临时抱佛脚得了好成绩，父母能清醒认知，并正确引领，而不去夸大其词、渲染认同的，那么，这些节点事情的良好处理，会带领一个孩子，甚至一批人，往踏实的路上去奔"天道酬勤"的，当然，更能对孩子的学风、家庭的家风、班级的班风、学校的校风，甚至社会的风气都起到无法预估的作用。

举手事小，内涵很大

一位家长说，我孩子回家来诉苦，这几天他上课举手，老师总是不叫他，学习没味道。

一位老师上课时指名叫一个高高举着手，嘴里叫着"我，我"的学生，不经意说了句，我看某某同学等不及了，来，赶紧叫你回答吧。

一位朋友说，无领导小组群体面试时，很看得出现在的年轻人，都喜欢抢着说，都以自我为中心。

一位搞心理的朋友说，现在的婚姻这么脆弱，与男女之间不会交流沟通很有关系啊。

这几件事，或讲举手，或讲面试，或讲婚姻，相互之间貌似没有联系，其实都有，而且都可以落到举手这件小事上来。

为什么要鼓励孩子上课举手？举手里面有什么内涵？从小需要引导孩子如何正确对待举手？

智慧的家长和老师会在孩子很小时便引导他，上课要积极举手，举手意味着你能开动脑筋，组织语言，大胆展示，是听课的态度、思维、上进心、信心、表达能力等全面素养的体现。某种程度上，真诚高质的举手是让老师知道你学习和思考的质量不错，让老师安心了，可以比较好地定夺下面的教学进程。叫没叫到，只是个结果，专心听课努力思考的过程你做得很好。举手人多，如果你还能安之若素，从容淡定，那也是克制力和心胸的体现。

你看，举手事小，里面含着的育人因素很多。

如果家长和老师还能告诉孩子，比能被老师叫到回答更重要的是倾听，倾听同学的发言，倾听老师的评点。因为人有两只耳朵，只有一张嘴巴，看来听比说更重要。会听的人，他善于抓住别人回答中的线索和重点，找到别人发言的独特之处和思维亮点，然后和自己的结论相对照比较，兼收并蓄，去粗取精，进一步思考整理，升华出更优秀的结论。回答呢，只是表达了自己当下的想法；而倾听，则是更好的借鉴和学习。孩子在课堂里，为的不就是学得更好吗？

如果家长你总能引导孩子，聪明的"聪"，左边是大大的耳字，右边才是眼、口、心，看来，耳朵独当一面，地位举足轻重啊，会倾听的孩子更聪明。

如果家长你总是告诉孩子，认真听讲不仅仅是听老师讲的，还要仔细听同学回答的。向老师学，向同学学，都是我们学习的方式。任何一个同学都可能有精彩的回答，都值得我们去学习。也许，你的孩子会更谦虚一些。

如果家长你在孩子放学回家时，你不再问孩子，今天你被老师叫到回答了几次？而是问，你上课时听同学们回答问题，自己有整理和提高吗？能不能举举例子？这样的孩子，我想更有可能学会倾听。

如果老师你看到学生在课堂争先恐后地举手，每个人都"我我我"地叫着，在你感受到孩子的热情和能量的同时，你也不要因为哪一个的等不及而连忙去叫他回答。因为，这样会诱导孩子们都赶紧表现出迫不及待的样子，生怕错过了机会，生怕老师眼中没有他，他们就更没有耐心和时间去听同学们回答什么了，也可能错过了一次次思维上整合提高的契机了。

如果老师你总能引导学生，要静静地举手，专心地聆听，不要只关注自己的想法和情绪，能克制自己的身心，并换位思考到全班同学，因为班级的每个孩子都是主人，机会是属于每个人的，那就不会唯我独尊、自以为是。问答结束了，虽然有的孩子没被叫到，但却从同学们的回答里学到了更多，我们就要为自己的进步祝贺，就不会只狭隘地看到自己有没有站起来回答过，我们的目光才可能放得更远些。

如果老师你在请同学回答时，先等一等，看看是不是每个孩子都能投入地倾听；在学生回答完问题时，也常抽查一下周边同学是否听清了并有什么收获。长此以往，孩子倾听的习惯会慢慢形成。

当孩子学会了倾听，不仅是汲人所长，学习提高，更会慢慢学着将心比心，体会他人的想法和内心需求。这样，在日后的成长中，就会少很多我行我素、以自我为中心。人际间的沟通交流也会更顺畅些，因为沟通的本质是得到对方的回应，而不是自说自话。

那么，回顾前面的几个例子，有些人格素养的培养，从举手这件事上着手，是不是说得并不为过？

在某种程度上，教举手就是教做人，会举手就是会做人。教育无小事，家长教师无小节。育人教书，细节开始。

又说到规则教育

如果教育不是两耳不闻窗外事，那么曾经有段时间，一定有两件事大大冲击了人们特别是教育人的视线和神经。

一是省教育考试院擅自修改高三考生英语分数的事。

在广大考生毫不知情的情况下，真实的考分，被所谓的"加权赋分"作了调整！

考试院认为本次英语试卷过难，与高复生上半年考过尚且有效的英语成绩一比，产生了不公平。行为的出发点本来想追求公平，可却造成了更大的不公平。因为不公开，民众和考生事先不知情，还导致了不诚信，引起了社会对高考的恐慌和疑虑。

纵是要想使用"加权赋分"的办法，也一定要事先向全社会公布方案，谨慎进行。这是涉及全省几十万考生高考的大事，不能视为儿戏。省教育考试院这种加权赋分行为，竟是私下进行，确实非常不可思议，只能说明拍板者毫无法治意识，也缺少基本的做事规则和常识。

刚刚看到公布的消息，省政府已经对这个事件做出调查和处理，将此次高考英语科目加权赋分事件定性为一起因决策严重错误造成的重大责任事故。省教育厅厅长和省考试院党委书记都已被免职，考生的英语成绩恢复原始得分。

正义可能会迟到，但终究不会缺席。违纪违规，终究是天网恢恢，疏而不漏。

另一件事是，一位叫贺建奎的教授在网上宣布，一对名为露露和娜娜的双胞胎基因编辑女婴于11月份在中国健康诞生。这一对双胞胎是世界首例免疫艾滋病的基因编辑婴儿，她们的一个基因在胚胎形成时经过基因剪刀进行了编辑修改。

贺教授在网上用英文向全世界宣布了自己这个"成果"，但很快就遭到来自国际和国内的反对——有122名科学家联名明确反对该项研究，认为他严重违背了人类伦理道德，也给被改编基因的人埋下难以预计的潜在后果。

人类胚胎只有发育到一定阶段才能观察到实验结果，甚至有些基因疾病要到一个人出生后若干年才会出现，如果那时候这个人出现疾病，那该怎么处理？如果这个人长大成人并且结婚生子，她们还有可能将基因遗传给自己的后代，又会对后代造成怎样的结果？

因为很多难以预计的问题，"基因改造"一直是各国科学家非常慎重的领域。

贺建奎基因改造婴儿这个事件引发轩然大波，国外很多高校生物学类专业甚至拒收中国留学生。

为何？因为他们必定认为中国学生有轻易违背医学规则，恪守不了医德底线的嫌疑。一些中国人无视规则，臭名远播。

不得不说规则，规则意识是法治意识，是做事的行为准则，是大家必须遵守的规范，是为了保证更好的社会秩序，也是为了保障自己更好地生存和生活。

遵守规则，是为大家，更是为了自己。

不禁想到当时的重庆公交车事件，那个女人错过一站，不守规则，从位子上冲到司机旁，要求停车，被司机拒绝后，对司机辱骂并出手攻击，司机还击，导致打方向盘时幅度太大，无法控制，撞上小车，冲破桥栏，坠入江中。司机也未遵守驾驶员规则，本应该克制情绪，不予争论，或停靠一边，先解决纷争再重新出发，但他却不顾开车规则和纪律，由着冲动任意妄为。

不守规则的后果是，车上13人跟着两个当事人命丧黄泉。

面对这些事，哗然之后，愤怒之后，我们可以做什么？

作为一名教师，我们应该不是坐而论道，我们是可以有行动的。

从小，培养孩子的规则意识，责无旁贷。大处着眼，小处着手；立意要高，行动要实。

《我们排好队》《我们小点儿声》《我们不乱扔》这样的道法课主题，仅仅是当下一教而过的课文吗？不是。仅仅是看看图，说说教吗？更不是。它们都是在培养学生的规则意识，为了让生活的自然环境、人文环境更好，落到实处需要每个人的努力和付出。

奠基公共意识，做好自己，又心有他人，这是孩子从小要吃好的开口奶，是必须系好的第一颗纽扣。

系纽扣者谁？家长和老师。

一个人若从小有公共意识，能想到做人的底线是不去影响别人，做事就会守规则，不越界，就不会影响他人，妨害社会甚至世界。属于自己的分数自己争取，不属于自己的分数一分不要；公交车坐过一站就要自己承担过失，下一站去下车，天经地义；医学的规则会恪守不渝并坚决不能哗众取宠去撕扯底线……

所以，我们应该尽可能地再现和提炼学生的日常生活，聚焦于细节，实实在在改认知，养习惯。

比如，《我们小点儿声》一文引导中，就要充分回望学生生活，引导学生更好地生活。四人小组讨论怎么小点儿声，保证高效？课间走廊上玩耍，如何小点儿声？关门、挪椅子，如何小点儿声，不妨碍别人？寝室里洗漱、说话如何小点儿声，不影响大家？扎扎实实讨论、辨析、体验、操练。

从"知道"到"做到"，中间有一道很深的鸿沟。如何跨越，就是让学生充分相信并有动力去努力尝试和训练。循环往复，欲进先退，并不怕，因为这是行规炼成的规律。好习惯养成21天以上，在师长的督促和引导下，让孩子真正把它变成下意识的行为为止。

最怕的是，师长或不明规律，急功近利，急于未成；或漫不经心，三天打鱼两天晒网；或虎头蛇尾，半途而废；或不给予重视，只看分数不管习惯。

哪有高楼是一夜造就的？堤坝也不是顷刻间坍塌的。哪有规则是几回说教了就能践行的？任何品行的养成都不是一蹴而就的。

每一堂课都指向未来，未来是在实实在在的教育引导中达成的。

如果我们关注孩子当下，并放眼孩子未来，就会多一份清醒和远见，更多一份正确的选择和坚持。

天注定

人法地，地法天，天法道，道法自然。大自然会告诉每个人一个颠扑不破的道理：万事万物皆有自己运行的规律，我们能做的是，服从规律，顺应规律，智慧而为。

养生如此。

七月底的时候洗头，蓦然发现头发掉落得明显多起来，头顶上长出了很多细碎短头发，就像秋天必然要落叶一般。虽然天气还持续高温，但我猜想着，秋天快来了，一翻日历，果然，8月8日就是立秋了，挡不住的"天道"啊。

亲子如此。

从小，女儿总是追着我，跟我说这说那，开心的和不开心的都向我诉说，每年的假期，总要跟着我去外面旅游。今年，她说不跟我出去了，她直接告诉我，跟我没啥好玩的了，要玩肯定跟同学一起喽。在小本子上用画笔记录生活，偶尔会大方地给我看，并细致地讲解这是哪个场景。偶尔又不给我看了，画的时候，跟我说，别过来看，画完又偷偷藏起来了。挡不住的"人道"呀，人家快满18周岁，快成年了，上大学去了，当然有必要有个秘密，甚至有点儿怀春的情愫吧。在人家义正词严提出抗议之前，我们就要很识趣地默默退出来，远离出去。

教育如此。

有些时候，教育真是悖论。教育是农业，需要默默耕耘，静静等待。三桃五李，植物应该是多久成熟，它有自己的规律，药物催生下的动植物，人们已经深谙危害。可是，对于教育，大家要保持耐心，似乎很难。动辄就把教育搞成了工业，要多快好省地急干，急功近利地出成绩。在喧哗着追求名声与利益的环境与形势下，能保持一份教育的清醒，拥有教育的情怀，把握教育的常识，安静地守候教育，显得尤为难得和智慧。当然，这还需要坚持真理、坚守真相的勇气，更需要一份对教育规律洞察的智慧和定力。

个体教育如此。

我亲戚的孩子，做过皮纹测试，属于天生对语言不够敏感、左右脑感知力不够平衡、视听能力显弱的孩子，小学阶段语文、英语学习就比较吃力，记不住词，容易出错。但父母不了解这个规律和事实，老批评他，他越来越没自信。其实他很爱看书，知识面很广，对天文地理生物比较感兴趣，逻辑思维也是不错的。这样的孩子，只要不厌学，以后高阶脑发育得力了，后劲还是不错的，有点类似"大器晚成"型。

我引导和鼓励他：孩子，你看，春天呀，有很多小树都会长，长得很快，对吗？可是你为什么不长呢，因为你是笋，你要在地下埋好几年，人家在地上长的时候，你还在地下积蓄能量，但有一天，你破土而出，变成笋，变成竹子，就会蹭蹭蹭往上拔节。这时候，可能很快超越了其他长了好几年的小树。所以你对自己不能泄气，不能失去信心。同样的词语和课文，别人读五遍，你得读十遍，因为你埋在地下，要默默地比别人忍受更多的辛苦，更多的误解。如果你挺得住，一定会成为后起之秀。

这样的孩子，就需要老师、家长付出更多的耐心，慢慢引导，不厌其烦，不能违反规律，急于求成。

守规循律，依道而行，顺势而为，做教育的智者，做生活的智者。

你有自己的准则吗

学校组织大扫除，教室、办公室都要清扫并安排人员检查。

我们办公室平时就保持得比较干净。两位小伙伴说，趁此机会，我们把死角清一清。于是，三个人，又是扫又是拖，又是擦窗又是擦贴脚线。各人书柜里的书，柜上的花草，摆得更井然有序。

一会儿，负责人来检查了，找不出纰漏，满意地走了；一会儿，几个办公室主任过来，说是来学习的，看看我们整理和打扫的结果。

其实，群里发的打扫标准，我们没去看，就按照自己的卫生习惯和做事准则，把办公室整理得窗明几净、赏心悦目，并且，平时也能妥善保持。

趁着打扫时间，就再稳中求进、精益求精一下。有没有人来检查，检查结果是否优秀，有没有人来参观学习，这些都不是我们的初衷。

按自己的初心用心做事，结果不会差。被作为榜样了、受到表扬了，这些都是附产品而已，只是锦上添花。

我们更在乎的，是自己的做事标准，是过自己这一关。

联系管理，范畴太大，还是联系到我们的孩子教育吧。

有些孩子为何从小要老师督促、父母监管？

有些孩子为何做事没有主动性，像算盘子，拨一拨，动一动？

有些孩子为何只为奖赏、表扬而学习，否则就没有积极性？

有些孩子为何越到高年级，学习越没有目标，没有内驱力？

有些孩子进了大学，为何变成"空心人"，不知活着为了什么？

有些孩子进入社会工作了，为何依然找不到工作、生活的意义感？

再看看家长的困惑，异曲同工。

家长一：我的孩子读四年级，成绩在班里比较领先。但我每天都是陪着他作业，各种复习都是督促着他，如果我不在，就不自觉。我想放手，但无法想象放手之后成绩会掉到哪里去。

家长二：孩子读初三，能说会道，人缘好，也很肯帮老师做事，但学习不够努力，也没啥目标，想刻苦，但坚持不了几天。

家长三：孩子高三，明明马上要高考了，一到放假，总是放任自己出去和同学深更半夜玩，根本不抓紧。跟他说道理，他比你还懂。但就是没行动，让人着急。

这样的孩子是不是不陌生？不够努力，责任心不强，从小要管，不管就表现不好。可是到了初中高中，他又不服管，听不进你的教育。自尊心强，自制力却不强，嘴巴上可以斩钉截铁，行动上马上疲软了。

孩子从小在家长的眼皮底下，小学科目也简单，管管就能出点成绩。可家长不放心地管着，学习上督促得紧，生活上不让操心，孩子没有吃过苦，也没有真正意识到学习为谁而学，更没有在内心形成一个警察来自我督促和管理。到青春期，分心的事太多，他很难用一种强大的内心力量管好自己的注意力，来拼搏，来屡败屡战。

更关键的是，从小是为家长、为老师学习的，是为外在评价标准努力的，自己内心没有准则，自己没有为自己设立关卡。自主性、主动性、责任心、担当意识、意志力都是要打折扣的。

如果时光能够倒流，我们很多家长一定可以做得更好。

我们可以试着，从小对孩子进行高位引领。

比如，关于努力学习，我们可以有不同层次的引导。

你可以吓孩子，让他怕你，为避免处罚而学习；你也可以让孩子为得到奖赏而学习；你还可以让孩子为取悦她的老师而努力。

但我们是否可以引导：让孩子守规则而把事情做好；让学生学会换位思考而不给别人添麻烦；最后更高层次是能带领孩子有自己的行为准则而奉行不悖。

比如可以这样说：孩子，你每天认真学习，就像爸妈、老师，活到老，学到老，学习是和吃饭一样正常而必需的事。吃饭，长身体；学习，长知识，长精神。

或者这样说：孩子，好好学习，好好做事，是因为我们班每个孩子都应该积极向上，我们是其中一员，当然是为团队争光而不是抹黑的。

最高位的引导是这样的：孩子，我们都是有自己的做人准则的，好好学习，好好工作，这是一个人的责任和对父母、对家庭、对社会的爱。有人看见，我们这样做；没人看见，我们也这样做。这是我们自己的事。

再如，关于遵守时间，遵守纪律的教育，不要总是强调会不会受到老师表扬或奖赏。

我们的学习、工作，不只是为别人的肯定或外在的评价、外在的荣誉而做的，更重要的是为了责任，为了使命，为了自我成长、自我实现。这已经上升到信念、人格、身份的高度了，而不仅仅是限于环境、行为、能力了。

高位引导，又身体力行，这样的孩子教出来，总会有一种不一样的格局。

由宅家与戴口罩说到何为受过教育

肺炎病毒揪着全国人民的心，咱大浙江早早启动一级响应，速度与效率生生碾压中部城市。大伙都响应倡议，宅家过春节。

然而，我们也会从身边听到一些让人啼笑皆非的事。

例一：正月初一早上，朋友让老公用微信拜年，告知他那边的亲戚，相互不上门不聚餐。她老公不以为然：你这么怕死干吗。

例二：正月初二，老表来微信，说致电给老娘舅，响应政府号召，为安全起见不拜年，等疫情过去再上门。老娘舅不理解地讥讽：你们城里人命值钱点啊。

例三：正月初三，好友带母亲去看牙，发现好几位老头老太均不带口罩，跟他们提醒，还被嘲笑：哪有那么吓人啊！

例四：好友在政府部门工作，她说，社区人员上门摸排人员，有的人不感谢也罢了，还故意不理睬，不配合，甚至还认为小题大做。老年人尚情有可原，有些青壮年居然也是这样的态度和认知，就让人颇为不解。得到线索，有个从武汉回来的年轻人，大家四处搜寻，上门找，没人；打电话吧，被意气用事地直接挂电话。最后多个工作人员费尽九牛二虎之力在其一个亲戚家找到了他和他家人。

何为受过教育的人？就让我们从戴口罩与宅家来聊起。

上边的几个案例中，有老人，也有中青年，老年人的工作难做，可以理解，因为他们受的教育少，最关键的是，他们往往不玩微信，不关注新闻，不知道时态，小时候没怎么读过书，现在也不与时俱进学习，观念落后那是正常的。

但老年人也不能一竿子打死，只要在不断学习的，对知识、对信息还是很敏感的。如果思维方式还灵活，不僵化，相应工作就会好做些。有些老年人的思想甚至比青年人还领先，更懂得学习的重要性，还在用实际行动证明"活到老学到老进步到老"的真理。

拿我父亲来说，这次对他的思想工作就做得很轻松。他会玩微信，每天会上网看新闻，看公众号内容，手头有个收音机，天天会听实时新闻。腊月二十九夜，我看到武汉封城，想到之前的春运期间，从武汉流出去的人数量巨大，我们诸暨在武汉做生意、工作、学习的人也多，这就是潜在的危险。于是我便在亲人群里开始动员：如果可能，我们不互相走亲访友，给老人的红包可以微信里发，亲情永远都在，饭何时吃都不迟。为了大家的安全，不上门不聚餐最好。

我父亲很爽快就接受了，没有疑义。另外，本来正月初三父亲要带好几个堂兄弟姐妹，去枫桥给他的老阿姨庆百岁大寿，一看这个架势，腊月二十九夜的时候他就认为聚餐不太必要了，谁也不知道同桌的人是不是从武汉回的，或者有没有在公众场合接触过武汉回来的人。到第二天除夕夜，父亲已经果断地决定不去了，并且还建议对方不要举办会餐了。正月初一，果然接到对方电话，几大桌的聚餐取消，等安全了再说。

这过程中，我欣赏父亲的理性与灵活。

老人，不一定代表不明理，只要是在不断接受新事物，不断学习、开阔眼界，思想在不断更新迭代的，你能说他没受过教育吗？我看不能。

但是，有些人年纪轻轻，却思维僵化，自以为是，不顾大局，不懂科学，也不尊重规律，就让人匪夷所思了。他会告诉你，你属于大惊小怪，没那么可怕。网上新闻说的车祸这么多，你就不开车了吗？一个城市，几百万人口，就那么几个病例，一定会到你头上吗？

有些人年纪轻轻，却不爱学习，抗拒成长，面临事情，老眼光、老思想，怀着侥幸，想碰运气，就让人不可思议了。

也许他学历并不低，但你能说他真的受过教育吗？

受过教育的人，尊重规律，不愚昧不固执。此次疫情，属于人传人，并且潜伏期比较长，只有尽量减少在人多的地方出现，才有可能不让病疫上身。那么，宅家，不得已到公众场合时戴上口罩，就是保护自己、保护别人的最好方式。这是科学、很简单。但要知行合一，却也不容易。难怪政府部门的人员春节一开始就得上班，下乡镇挨村挨户上门摸排，做宣传，用实际行动为群众的安全保驾护航。

　　受过教育的人，思维方式灵活，不死板。中国人，春节是大节，走亲访友、一起聚餐、享受天伦是传统，是历史，是习惯。可是，疫情当前，思维能变通的人就拎得清，要事第一，全民一起渡过难关才是当务之急，拜年、送祝福可以通过电话、微信、视频。等疫情过去，有心可以再聚。

　　受过教育的人，约束自己，着想他人。不给别人添烦，不给社会添乱，这是公民的基本素质。

　　受过教育的人，不一定上过高校，不一定学过多少知识。但关键的是接受过人格素质的培育、思维方式的训练、思想观念的熏陶。

　　爱因斯坦早就告诉我们，所谓教育，就是把知识忘光了之后留下来的那点东西。

　　此处的教育，不仅指学校教育，更指家庭教育。

　　那么，由戴口罩与宅家想开去后，我们都可以趁机问问，我受过教育吗？我的孩子真的在受教育吗？或者只是学习知识？如果我是校长或老师，我的学生们真的是在受教育吗？还是只在写字做题考试……

辑十　身心修炼

　　为人父母者，应该不断修炼，包括修炼品性、情绪、心态等，持续走在学习和完善自己的路上，以给孩子呈现更好的身心面貌和更优秀的榜样，也让自己的教育有更良好的状态和效果。

没有一朵雪花是无辜的

昨天和朋友们一起吃饭，有个朋友也在学校工作。她说，最近感觉周围充斥了太多的负能量。一开学，班主任有各种任务，省里的学科调测又刚好抽到了，领导压力大，老师们压力也大。办公室里整天叫苦连天，怨声载道。

我共情道，这可真不好，几个人经常抱怨，整个办公室都乌烟瘴气，大家的心情都会被影响。

朋友说，是啊，我是不太要抱怨的人，可一进办公室，感觉负能量很多，心也郁闷起来了。

我摇头道，抱怨的人，搅坏了自己的心态，还影响了别人的心境，真是害群之马呀。

前几天，亲戚打来电话，询问孩子的教育问题，顺便把生活中的鸡毛蒜皮放大一遍，哭诉了一遍。我同理一番后，果断地告诉她，你的心情我颇理解，但你的关注点不对，经常聚焦不好的事情，只会让生活越来越一地鸡毛。请每天关注正能量的事情，用感恩的心去观察和寻找别人对你的付出，让自己面朝阳光，不再处于抱怨之中。

抱怨是停留在问题的层面，是关注于已经发生的过去，对于事情的发展于事无补，只是发泄了一下痛苦、不满的情绪而已。正确的做法是调整心态，去着眼未来，着眼于问题的解决，着眼于寻找各种方法和资源。

女儿每天晚自习回来，我都会说，来来，一起说说好事吧。昨晚，女儿开心地说，妈，我觉得自己有点厉害呢，60道政治选择题，我只错了两题，扣四分，大家普遍扣十多分。同学们都表示吃惊，毕竟我去集训有五个月没学，而他们不停地在刷题目。

我点头肯定，是啊，你的思路很清楚，你的想法很正面，你一定会越来越好的。

我和老爸聊天，我说，你们挺辛苦的。爸说，老了，也要有事做，和你妈管门卫也习惯了。小酒咪咪，收音机听听，教育频道关心关心，也不错的。虽然老爸腿脚不便，但他总是挺乐观积极的，对生活充满了喜悦和感恩。我喜欢他虽然上了年纪却依然热爱生活的样子。

我们的人生永远是有选择的。比如，每天选择快乐还是忧愁，感恩还是抱怨；选择和怨天尤人的人一起，跟着变得怨天怨地，还是和乐观阳光的人一起，笑看人生；选择用正面积极的眼光去看身边的人事物，还是用挑剔的眼光去搜索周围太多的不完美。快乐幸福与否，全在于自己的心，全在于自己的选择。

你是谁，你决定；我是谁，我决定。

心态决定命运。你怀着倒霉蛋心态，就越来越觉得倒霉；你怀着幸运儿心态，就发现生活还是有挺多幸运的。

如果你制造号角效应，周围的人，全被你的坏情绪影响，大家的心情全被破坏了，和谐轻松的集体精神氛围也在一日日中消失殆尽。就像一颗耗子屎，弄坏了一锅粥。

如果你创造光环效应，周围的人虽然工作奔忙，马不停蹄，但还是被你的正能量和乐观向上感染到了，大家跟着抖擞精神，热爱生活，热爱工作，虽苦犹甜，虽累犹乐。

雪崩时，没一朵小雪花是无辜的；洪灾时，没一滴河水是无罪的。身边精神的生态环境优化，取决于我们自己！如果你愿意，你可以像一颗火种、一束亮光，去影响周边的人和环境。

让自己的每一天都充满阳光，有点儿难，生活毕竟千难万险，又防不胜防。

但我们可以努力做到不抱怨，保持平静乐观，相信一切都是最好的安排；相信那些走过的曲折，最终都会幻化成一道道彩虹。

笑与不笑，都是我们自己的选择。没有更好的选择，那就笑吧。

硬着头皮不如调整自己

父母大多都是职场人。

教师一到学期中间，其他职业的人员一到年中或年终，事情多，任务重，大家就像开长途的汽车，油不多了，车况也不优良了；犹似一匹一直快马加鞭被赶着跑的马，状态差了，速度慢了；又如一个跋山涉水的旅人，精疲力竭，急需停顿驻足，喘气休整。

可是，该来的还是来，该做的还必须做。职场里没有同情，泪水也不管用，有的只是强打精神，风雨兼程。

但是，如何来调整自己，那肯定是有方法的。

不断学习，强大自己

有目标，有理想肯定是极好的，可让自己的行动更有方向，做事更有劲头。可是，有些梦想过于高远，跟自己的能力不相匹配，这个时候，就会特别焦虑、烦躁、静不下心来。当你日思夜想、梦寐以求时，却往往事与愿违，因为有可能是好高骛远，急于求成。

所以，让野心与能力相配，方法有二，要么降低野心，减少欲望，加强修炼，平静内心，方能知足常乐；要么必须学习、学习、再学习，沉静下来，踏踏实实，每日精进；只问耕耘，不问收获。慢慢的，你能力越来越强，很多事先不期望的，也往往比预想来得更快些、更意外些。

上帝送礼物，一般都是在你忘记了求的时候，不经意间，门口或窗口，就偷放了给你的惊喜。

不断反思，精益求精

反思与复盘是一个人不断进步的渠道。无论是育人的班主任，还是学科教师，或是管理者，抑或其他的人，如果能把工作的过失及时写下，寻找原因，优化对策，长此以往，无论教学、管理、育人还是其他工作，都将大大长进。

可是，很多人，总是把失败的原因归结到外界，或抱怨员工难管，工作执行力差；或埋怨学生太不自觉，成绩总是提不高；或迁怒家长，家庭教育太差，影响到学生的习惯品行太难改。

事实可能也是事实，可是如果抱怨能解决问题，我们何必还殚精竭虑去思考、去寻找新的办法？

而且，既然选择，就得去想到，所有的事是为自己而做，就无怨无悔。也许自己的控制欲强，这份差事让你仿佛得到了控制世界的感觉；也许自己的价值需求很大，需要在不断努力中提升自己的价值感；也许仅仅是为不虚度光阴有点儿充实感，也许是为了生存和生活……那么，生活中的一切不都是在成就自己吗？

如果事情总是层出不穷，疲于奔命，倦于应付，是否也得问问，自己在恐惧什么，为何不能理直气壮去做减法呢？

如果问题总是周而复始，老生常谈，老病重犯，是否也得问问，自己在固执什么，老办法不就得到老结果吗？

把矛头指向自己，反躬自省，是需要勇气的。

不断调适，改变状态

你我都是凡人，负面情绪难免会出来。

可是，情绪它还真是个假象，因为它不是必须要出来的。它其实是我们对外事外物赋予的意义，是我们对周边的人、事、行为的主观看法而导致的身心感受。所以，同样一件事，有些人会产生愤怒的情绪，有些人却一笑了之，气定神闲；同样是一次考试，有些人充满抱怨，有些人却把它看作是学习的契机而心平气和。

你心里有什么，就会看到什么；同样，你怎么看待遇到的事，心里的感觉也完全不一样。

活得快乐与否，其实并不取决于环境、外物，而取决于你的信念和价值观。万物本无好坏，是我们置于其上的价值观让负面情绪升起，继而伤害了自己和他人。

量子物理学告诉我们，每一个带着负电的电子，必有与之匹配的正电子。换句话说，如果一件事看上去极坏，那么一定也有一些极好的东西。

每一件事总有它的价值存在，唯一的问题是我们自己是否愿意敞开心胸，去探索，去发现，去调适。

调适自己，让自己继续有力量去坚持去奋斗的方法很多，比如倾诉、运动、打坐、听音乐、换位思考、娱乐、转移、提升境界等。

我们要有智慧找到适合自己的方法去呵护身心，重整旗鼓……

奶茶与炸药包

谈笑间，小伙伴说，我老公不知怎么了，为了一杯奶茶居然生了我两周的气。

我们狐疑地看着她。她说，老公每天饭后去锻炼，我跟他说，回来帮我带杯奶茶。连续三天跟他说，但他回来都两手空空。他的说辞是奶茶没营养，又贵得没理由。然后过了一两天，我就赌气似的特地跑出去买了杯奶茶回来，老公当时就不悦。两周后，他还气呼呼说起这件事，问我为什么非得去买那杯奶茶。

这架吵得确实有点儿没来由，都是奶茶惹的祸吗？

好像是的。

女人想，不就是一杯奶茶吗？何必这么上纲上线，斤斤计较？还生气了这么长时间，真是不可理喻。

男人想，不就是一杯奶茶吗？已经说没营养了，还要对着干，非买来不可，有这么重要吗？

都是奶茶惹的祸吗？又仿佛不是了。

在女人看来，奶茶已经变成男人在不在乎自己的化身了。

在男人看来，奶茶已经变成女人听不听话的标志了。

在男人女人心里，奶茶已经变成能否实现自己控制欲，体现控制权的信号了。

我说，其实奶茶很冤枉，在这里做了导火索。其实男人身上已经背好了炸药包。点火的今天凑巧是奶茶，明天可能是两双臭袜子，后天或许是三只没洗的碗。

炸药包是怎么背上去的呢？男人们其实也并没有觉察。

也许是事业上的不见起色，长久不得志。

也许是生活中的鸡毛蒜皮，烦躁日积月累。

也许是男人控制欲很强，偏偏女人也很追求个性。

也许是男人在外受了气，到家发泄一下。

也许是男人一贯装作在女人面前听话惯了，觉得难受，想要揭竿而起，争取主权。

也许是女人不顾场合，不给面子，男人嘴不说，气在心，终于要喷薄而出。

也许是男人在工作中受了委屈，积少成多，在女人面前放松表现，一展自我。

也许是男人对女人的育儿方法、处事方式颇多不满，又没发作理由，只有在小事上逞逞强，表达一下不满。

也许是男人想求得女人的关注和体贴，女人却大大咧咧，不解风情，男人只能像赌气的孩子在小事上拉扯。

……

日久天长，背上炸药包的男人们，毫无觉知，就只能就事论事，责怪女人，嫁祸奶茶；看不见男人炸药包的女人们，也只在奶茶上纠结，不明就里。

如果男人们能觉察自己的情绪，及时为自己清除炸药；如果女人们有火眼金睛，能洞察男人行为背后的需求，及时帮忙排雷卸炸药。反之亦然。那么，男人女人相互理解，一团和气也不是梦了。

可惜，你我皆凡人，终有烦恼无数。只因看不透，看不破。

所以，男人女人也好，为人父母也好，都要认识自己，不断修炼才是。

婚姻像什么

吃饭间谈笑，有个朋友拿中医来比喻婚姻。觉得这个观点很有意思，对婚姻的隐喻，便不自觉地联想开去。

婚姻像中西医。有些事要西医式解决，当断则断，干脆利落。比如夫妻吵架，今晚吵，就事论事，今晚解决矛盾，达成沟通。如手指受伤，马上处理，止血、敷药、包扎，立竿见影。切忌拖泥带水，拔出萝卜带出泥；切忌陈芝麻烂谷子，前尘往事翻一遍，让小事上的不同意见上纲上线成人格否定和人身攻击。手指受伤，不要弄出剁了整只手臂的架势。

有些事却又要中医式处理。对情绪，要有望闻问切的能力，有觉察、透析的本领，看问题要有整体观、全局观，能以点带面。比如近来老婆情绪不好，有体察能力的男人善于从一个点来推断和联系最近女人遇到的种种来自工作、生活上的压力和冲击，甚至能从一些琐碎小事中的线索联想到之间的因果。应对的方法也能从整体上去把关，比如切断压力来源；分担工作，减轻女人负担；转嫁任务，旅行散心；用心陪伴，专心倾听等，整体推进，慢慢调养。而不是像西医一样，妄图通过如手术一般的当头棒喝去解决慢慢累积的心理和情绪问题，往往那只是一厢情愿。

对待女人的唠叨，聪明男人也不用西医应对——马上回怼、以牙还牙、针锋相对，而是善于像中医一样，文火慢炖，难得糊涂不较真，左耳进，右耳出。就像现在很多医生都会开方子，是不是真正的老中医谁又知道呢，反正外行人看来，按按手脉，配点儿中药，剂量大致差不多就行了。

婚姻还像什么？我觉得颇像两个人拿着双人锯锯木头。德国就有些地方用这个方法来测试订婚男女在婚姻中是否匹配，倒也有点儿意思。婚姻中，男女两人各执一头，讲究配合，那一方控制过度，强行拉扯，依着自己，用力过猛，这一方跌跌撞撞，站立不稳，便心生恼怒。为了生活，为了目标，勉强配合，却也痛苦难安，情绪低落。如果持续如此，这一方可能弃锯而走，撂下担子，留下不自知的那一方目瞪口呆，不明就里。

有的呢，这一方伺机偷懒，出工不出力，样子在拉锯，实则装样子。另一方责任一肩挑，一人当两人使，拼命拉动，疲惫不堪、精疲力竭，心累得不行。一脸憔悴、面目沧桑却还被这一方说风凉话，讽刺姿势难看，也是郁闷得紧。

婚姻还像两人下棋。旗鼓相当、你来我往，才意味无穷。若力量悬殊，于两方都是煎熬；若一方苦练技艺，不断精进，而另一方则安于现状、原地踏步，假以时日，原本的势均力敌也可能变成分歧和吵闹。

但若优势的一方心态平和，愿意进进退退，愿意弯下身段，不求输赢，只求两人开心，倒也相安无事，其乐融融。

或若优势的一方觉得有人衬托，有人仰视，颇有成就感和优越感，分外享受这样的局面，劣势的一方感觉被对方包容、谦让、宠溺，甘作陪衬，倒也是参差错落，相得益彰。

局外人也只是清官难断家务事，或狗拿耗子多管闲事罢了。

但身处其中者，经营婚姻就是修炼了。

女人，母亲，修自己的心

一放假，很多还在上班的老母亲们心焦了。

二胎妈妈在抱怨，两个孩子在家不学习不放心，到处送补习班又没时间，害得自己上班都没有心思。

一个小伙伴说，今天我狠狠地责骂了一通儿子，明明成绩不好，却挑三拣四这个不愿去补，那个不愿去学，就想在家上网玩电脑。

又有老母亲对男人很生气，孩子仿佛不是他自己的，陪孩子没工夫，和狐朋狗友喝酒打牌却很有时间。

也有小伙伴看着孩子的数学成绩抓狂呀，怎么办，怎么办，这点儿成绩，明年的小升初怎么办？

有围城里的女人在羡慕单身族们，还是她们好，一人吃饱，全家不饿，省却太多烦心事。

一个小伙伴埋怨老公，不温柔，不体贴，情商低，不会说一句好话，暖不了女人的心。

女人们集体声讨，还是古代女子好，虽然要相夫教子，但不必操心赚钱的事呀。现代的女性，工作上要独当一面，家庭里要操心柴米油盐，要处理七姑八婶、鸡毛蒜皮之琐事，还要与熊孩子斗智斗勇。光是送送补习班、技能班，就能让你整个三伏天手忙脚乱、心烦意乱。没个三头六臂，还真是做不了现代女性特别是现代老母亲啊。

可一天到晚马不停蹄，想学习力不从心，想锻炼没有时间，想捣饬自己没有心思。没有自我，心灵疲惫，说话带情绪，亲密关系、亲子关系都受了影响。

身已经够忙了，心还怨着、嗔着，好日子就别想过了。

修心呀，当务之急。

宇宙间有几大法则，有一条是因果法则。一切的果都是自己的因，皆是自己心的因。

很多时候，心神不宁、心焦气躁、心急如焚，都是心乱了。

心不平，情绪不好，想法不好，状态不好，结果当然也不好。

一切美好皆源于修心。

男人如山，女人如水，在质实，也在饰貌，修一颗柔软的心，让山更像山，水更像水。在宽广处，水可以奔腾汹涌，可以浪花四溅，可以张扬而强硬。但水和山一起时，往往是循着山势静静流淌。山势蜿蜒处，水也缠绵悱恻；山拦腰断隔处，水不是强势推进，而是迂回绕行。水是灵活的、包容的，千姿百态，却从未改变过自己的本质。

修一颗水一样柔软的心，那就会少很多的纷争、冲突和怨恨啊，关键是，一切为了对自己好。让自己能浸染在一段美好的关系里滋养自己，才是最终的目的和不变的初心。

上半年有段时间，因为别人职责不到位，事情不作为，导致我劳心劳力，心情不爽。内观之下，我才明白，我焦虑了，纠结了，接盘了别人的焦躁。脑子里出现了太多的应该，所以就会气不打一处来。

怎么办呢，如其所是。一切皆有因果，那是他们的因，才有这样的果。我何必去嗔怪。我的果，也是我自己心的因啊。当然，我也感激当下，他们是为修我的从容心、自在心而来。抛却应该，顺其自然，放过别人，更是放过自己。

当事情烦杂，压力颇多时，让我们听音乐，打坐，深呼吸，观内在，安当下。和自己的感觉待在一起，慢慢放松、平静，找到快乐的源头。静生定，定生慧。安静的心会成为最好的资源和财富。

女人，修柔软的心、自在的心、宁静的心。

心平气和，目之所及，两山排闼送青来，仿佛豁然开朗。

识别爱的语言

打电话，我问，老公，你什么时候回来？老公说，这几天很忙，过几天吧。再打电话，还没说两句话，我又问，老公，你什么时候回来？

先生烦了，他说，你老问我，我又没有闲着，一直在忙呀，有时间我早就回来了。

我虽然平时情绪难免急躁，但我毕竟是学过心理学的嘛，我温柔地表白说，老公，我老这样问，说明我在想你呀。

电话那头不吭声了，先生估计被感动了，理工男也一定蓦然意识到了我语言背后的含义。

爱的语言是不一样的。用敏锐的心去感受，用明亮的慧眼去识别，或许才能发现那些藏在好听与不好听，或司空见惯的话语背后的爱。

先生打来电话，他老是问，你的几张罚单处理了没有？我说，没有呀，我可没时间呀。他就催我，你手机上处理个两张吧，已经四张了，到时现场抓住的话车会被拖走的。

下次打来电话，相同的话语先生又会说一遍，然后我就如对待唠叨的母亲的孩子一样，故意磨蹭着不去做。当然，他的话我也没厌烦，因为我知道，他在担心我，怕我乱开车，被警察抓个现行把车拖走，到时行动不便，心情失落。为避免出现这样的情况，他只能一次次认真地催我了。

我们一起赶去杭州，把车放到车行保养，然后请车行老板娘送我们到高铁站。老板娘是同事的学生家长。

路上，老公就拆我的"牌子"了，他对老板娘说，你把清洗液也顺便加了，她是不会知道往哪去加的。老板娘善解人意道，女人都是这样的。老公又说，她可好笑了，上次车窗拉不下来，打电话给我硬说车窗坏了，其实是没有解锁。

老板娘还是善意解围，女人很多都是这样。我默不作声顾自己尴尬地笑笑。当然，我也是不会怪先生的，因为他的语言里明显不是在嘲笑我，而是对女人无知的呵护和包容。

换作在家，我肯定就怼上了，喂喂，这么大的事，我怎么会知道，我只是善于动嘴巴呀，这叫要事第一，重点突出。人要善于利用长板，而不是去补短板呀。然后，他也不会和我唇枪舌剑的，只会包容地笑笑。

噢，有些爱的语言，甚至没有片言只语，只是默默的行动。比如，有些人爱的语言就是为你做饭，陪你散步；有些人爱的语言就是好好赚钱养家；有的人爱的语言是必要时的照顾与守护；有的人爱的语言就是静静地思念，悄悄地关注。

你能识别出爱的语言吗？

中年自信

岁末年初，很多人恐慌，时光匆匆催人老，似水年华难把握；很多人焦虑，形象差了，身体弱了，可年少的梦想却还在半路；很多人感叹，头发白了，发际高了，红颜易逝，时间无情。梁实秋说，所谓"耳畔频闻故人死，眼前但见少年多"正是一般人中年的写照。

中年，似乎就是走下坡路，走向衰老，走向尴尬，走向被自己被他人嫌弃。

可是，在进化中，中年是一个非常重要的节点，对于生物的发展和质量的推进，具有承前启后的作用。

于我们，芸芸众生，中年的意义是什么呢?

就是你什么都弱了，身体啊，感官啊，外貌啊，记忆啊，但你拥有了最强大脑，那是一生思考力和判断力最好的时候，那是对小年轻可以从容指导的时候，那是认知水平最高的时候，那是一生最能出成就的时光。

西谚云："人的生活在四十才开始。"好像四十以前，不过是几出配戏，好戏都在后面。"自古逢秋悲寂寥，我言秋日胜春朝。晴空一鹤排云上，便引诗情到碧霄。"也是古代难得的颂秋诗句。

可是，那真的是最好的时光。不是吗? 中年，因为有最强大脑，所以能在纷繁复杂的表象中看清事实；已经摒弃单一思维、线性思维有了多角度思维；能面对各种挑战进行更好的决策判断；面临人生如升降机一般起起伏伏已有了豁达的心态；也学会了在做不了自己时坦然地说不；更是明白了自己想要什么不要什么，从而精简目标，突出重点。

那是最好的时光。不是吗? 因为中年的你我，已经明白了一切都是最好的安排，无论顺境还是逆境。哪怕是挫折和痛苦，不是给你一份力量，就是送你一个警醒；不是为了磨砺你，就是来提升你的人生境界。

家里有母亲生病了，不大不小，孩子只能陪伴左右。一般的人看到了，都是既同情老人，又同情儿子。可是，身为中年的你，有多维思维的你，能明白人生平衡之道的你，是不是认为当下就是最好的安排呢？

生病肯定不是最好的安排，生病背后的目的和意义才是。孩子如果是被宠过的，从小以自我为中心，不会去体贴父母。老人生病了，也许心理上有强烈的期待，用心良苦地得到了孩子反哺的爱，干涸的心灵得到了慰藉。于孩子，当得到太多，必须有所付出，此谓得失平衡。一次父母的疾病，让儿子历练成长，感悟责任，学会担当。

生活中，有很多长子，总是不断付出，为原生家庭操劳，比弟弟妹妹无论财物、精力上都会有更多的投入。平常人都会慨叹命运不公，感叹长子长女的劳碌和无奈。可是，这又何尝不是最好的安排呢？身为长子，从小光环照耀，广受关注，相比弟妹，有了更多优势发展，自我成长之路可能更为顺畅。兄弟姐妹生活在优秀的阴影下，就像大树周围的小树，一方面让大树有了众星捧月之感，让其在价值感、存在感上有了更多的收获；另一方面，小树的阳光雨露，何尝没有被大树所遮挡和夺取呢？现在，优势者多一些付出，不是也为曾经的收获偿还，让人生达到一种平衡吗？

你能这样想，你就有了中年"一览众山小"的笃定，"沉舟侧畔千帆过"的洒脱以及思想无拘无束的自由和自己选择人生定义人生的自信。

好好的中年人，一直忙于工作，突然身体欠佳，出现病症，心理也俨然进入寒冬，身心俱疲，心力交瘁。

这不是当下最好的安排吗？疾病不是，它的意义才是。它让你对自己有了觉察，让你去认识和了解自己，让你去把握自己的生理和心理的界限，从而学会了保卫和呵护自己。也更能在废寝忘食、执着投入的工作间隙，记得为心灵减减负，给人生做做减法，去关注压力和情绪，从而让自己接下去走得更稳更好。

于是，我们智慧地认识到，中年的意义，在于不再无病呻吟，不再胡乱归因，不再不得要领，有了全局思维，有了高阶认知，有了进退皆宜，活得更清醒，更智慧，也更从容，还有比这更好的吗？

累了? 不累?

调休日，本想睡个懒觉，不料接连有电话进来，索性起床，与群内朋友相约爬老鹰山。

他们出发比我早 15 分钟，便从嘉邦山庄旁上山，走更原汁原味的土路；我从烈士陵园这边拾级上去，约好在吴公殿下碰头。

自去年脚伤后，爬老鹰山的次数就屈指可数了，前几回要么一个人慢慢爬，走走歇歇；要么和妹妹她们一起登，说说笑笑，出一身汗，却不觉得累。

而今天，朋友们很快便到了吴公殿下，在群内叫唤我快点儿到。于是，一贯慢悠悠的登山变成了很有目的地赶路。沿路有老人光着上身，精神可嘉；有几只可爱的小白狗晃着脑袋跟着主人下山，模样可爱。但我已无暇欣赏这些，顾自加快了脚步。

我紧赶慢赶，不多时便是气喘吁吁，汗流浃背。然后，我又清醒了一些，有意控制一下速度，心中提醒自己，我是来休闲、排毒、健身的，不是来比赛的，这个初衷不能忘记。朋友们在殿上登高望远，神清气爽，应该稍等无虞。

但我依然还是会不断观察和思考进度，噢，到亭子了；噢，到水塔了。顺便拍照发群里，告知地点，以免让朋友们等得过于心烦。汗出来了，我卷起了袖子；气喘厉害了，我稍事停留。累，自然也悄悄袭来了。

半个多小时后，顺利会师。效率确实较以往有提高，但正因为不断关注进度、催促速度，目光和焦点全在自己的目标和腿脚上，人确实也累多了。

下山的半小时，我们一路谈笑风生，说孩子，说明星，嘻嘻哈哈间，也不去关注目的地了——反正总会到的。我们的焦点放在了谈论的对象上，脚的行进成了自动化的行为。不知不觉，到山脚了，这么快! 这么轻松!

　　看来，当你把一件本来就感兴趣的事，不当成任务，掌握好节奏，享受的感觉依然会到来。如果你疲累、沮丧时，不过多去关注事情本身，转移焦点，能量即来，就有可能轻装而行。

　　所以，家长朋友们，快不快乐，顺不顺利，其实很多时候只取决于自己。

接纳岁月的不留情

孩子期末考试又考砸了，再三的补课，成绩还是上不去，跟班里优秀孩子没法比，怎么办？

老公就是情商不高，情人节不送花不送礼物，平时要他说句好听的比登天还难，怎么办？

自己就是怎么努力也比不上很多同事的素质全面、聪明能干，怎么办？

晨起在发间寻出了一缕华发，顿觉芳华已逝而头涔涔泪潸潸，怎么办？

也许你能听到或找到很多具体的办法，但策略如果效果不显著，照样解决不了你经常郁闷的情绪，又怎么办？

会不会有个词，就像山间的清风徐来，瞬间沁人心脾；犹如甘甜的山泉，滋润你的心田。

它会是谁？也许它的名字叫接纳。

接纳，让你整个身心都放松下来。

接纳，是如其所是，是全盘接受，是去除期待，是安然内心。

接纳，是尽人事，听天命；接纳是承受命运一定要给予你的一切，包括灾祸；接纳是用出世的心做入世的事；接纳是过程尽力而为，结果顺其自然；接纳是儒系的想法做事，佛系和道系的心态做人。

如其所是，接纳什么？

接纳自己。接纳自己自尊又自卑的心，接纳自己的笨拙和迟钝，接纳自己的不完美。世上没有完全相同的两片树叶，那么也不会有同样优秀的两个人。自然界有各种各样的生物，有的高大，有的矮小；有的生机勃勃，有的无声无息；有的凶猛，有的温顺。我们无法强求一致的世界，又何必去期待同样的人群？

当上天给你关了门，一定会给你敞开窗。接纳自己，爱自己，我们都可以创造出别样的人生。

接纳衰老。时光如白驹过隙，当树的年轮又多一层，当日历又重新开始轮回，随着物价上涨的，自然还有我们的年龄。花谢了会再开，树叶枯了能再长，月亮缺了可再圆，只有青春，一去不返；只有我们的芳华，永不回头。多少人，当除夕深夜的钟声响起，年龄又华丽地长了一岁，只觉得内心恐慌和不安。时光真是个不负责的家伙，它从不跟你打招呼，悄无声息地奉送给你花样年华，却又毫不留情地一一收走。无论你慨叹悔恨，还是黯然神伤，似水流年永不重来。于是，能怎样呢？唯有接纳。不纠结，不对抗，生老病死，自然规律，做好自己的，其他的，听天由命。

接纳孩子。"我的孩子，为什么这么内向不肯说话？""我家儿子为什么这么调皮没有上进心？"放假走亲访友时最容易听到父母这样的评价和困惑。我们总是习惯性地去找孩子的缺点，去贴负面标签，表达恨铁不成钢，也传达出深深的焦虑。可能你不信，你只要爱他，信任他，接受他，鼓励他，引导他，孩子一定会朝着良性发展的。曾有实验证明说，一碗米饭，你不断责骂它，它会比受夸奖的那碗馊得快；大棚里的菜，圈里的猪，听着欢欣鼓舞的音乐，长得能比一般的好。我们能不能接纳孩子的不完美，就像他们刚蹒跚学步时的跌跌撞撞一样？

接纳生活。好友需要重新选择爱人。定的标准不高，人品好，勤劳肯干，责任心强，会体贴人就可以。于是，兰心惠质的她找了一名热爱生活的普通打工者，买了房子，结了婚。她说，我对现在的生活很满意，没有大的期待，爱人人好，过平凡的日子就很好。接纳平庸平淡平常的日子，接纳生活的不完美和不尽如人意，接纳命运给予的一切，安之若素，坦然接受，那是要有强大的内心的。

接纳疾病。年前，接连有两个亲戚患了重疾。旁观者震惊，当事人必定更难以平静。这个时候，命运把你推到了风口浪尖，考验你的时候就到了。你是悲天悯人还是自怨自艾还是毫不服气还是悔恨不已还是坦然面对呢？既然命运如此对待，也许最好的办法就是不过多对抗，消弭能量，而是平静接纳，调整心态，与命运同向而走，可能会活得更安宁快乐一些，没准，还能跑过命运，自己书写人生走向。

……

自在成长，又见美好

这些日子，除了《平凡的世界》，我还是最喜欢看李子勋的这本《自在成长》。

十年前在浙大培训时听教授提到李子勋，就把他的书陆续地买来阅读，经常也会上当当网查查有否他新出的书。

去年年终时听到李子勋去世的噩耗，简直有五雷轰顶之感，难受了好多天。为一个心理学的大家，为一个有思想的长者，为他五十几岁年轻的生命，也为好作品的终结。

读过他所有的书，包括这本遗作《自在成长》。他的书，影响我很多。

读李老师的书，那种感觉很平静，也很美好。

就像在山涧边，掬一捧溪水，滋润夏天干涸的心灵。

就像在茂林间，深吸几口负氧离子，顿觉神清气爽。

心若有百线缠绕，仿佛有一只魔手，轻轻一点，条分缕析，思路清晰。

心若还拘在一隅，仿佛有一个仙女，轻轻一指，眼前开朗，豁然醒悟。

你不会陷入非得弄出个子丑寅卯的执着，会很包容、很云淡风轻地去打消一些执念。

你会减少很多非此即彼的纠结，杞人忧天的焦虑，对人生更多一些"任天外云卷云舒，随堂前花开花落"的洒脱。

你会抛却很多儿女情长、鸡零狗碎的烦琐和郁闷，仿佛生出一些高居山巅一览众山小的遗世独立之况味。

只因，他是智慧的长者，哲学、心理学、佛学的交融汇合，洒脱的心态，澄澈的灵魂，通透的视角，似站在生命的屋脊，包容人世间的蝇营狗苟、追名逐利，共情人们的奔忙焦虑、风尘仆仆，却不会唯我独尊，也不表达恨铁不成钢，菩萨一样地如其所是。

他总是从道的层面为人拨云见日，在术的层面不过多阐述，轻点几句，却往往包含了很多信息，需要你细细品味，没有生活经历、人生历练的参与，你也许会觉得太高深、太笼统了。

可是，生活，不就是一个"行万里路、读万卷书、高人点悟"，最终"自己开悟"的过程吗？

传授技巧的书籍太多了，我们仿佛学习了很多，却依然有太多的人过不好自己的生活。

那是因为，生活需要智慧而不是技巧。

李老师的书，更多传输的是理念，是心态，是智慧。

关于人际交往，他说"人是被自己的敏感打败的……人必须相信自己是被喜欢的，才能感觉到自己真的被喜欢。如果假定自己不受欢迎，那么感受到的也会是不被欢迎。"

对于快乐，他说"事实上人类选择痛苦的目的仍是快乐，痛苦变小的时候快乐会随之而来……放弃痛苦的人意味着也放弃了快乐，人要追求快乐，就要先去体验痛苦……一个人如果想真正获得快乐，就需要感激身边的一切，不仅感激那些帮助你的人，还要感激那些曾经为难过你的人、让你痛苦的人，这样你的快乐就谁也拿不走了。"

关于情绪，他说"从另一个角度来讲，嫉妒、焦虑、不满都是人类的正常情绪，不过在这些情绪存在的同时，我们也拥有更多的正面情绪，如欣赏、满足、愉悦等。人类的情绪原本都是混杂的，同时生成，彼此影响、制约、平衡，关键是理解自己的情绪所选择的语言，语言就像是一个杯子，情绪是水，你用什么杯子去盛水，情绪看起来就是什么样子。"

对于自我探索，他说"真正的自我探索是不能借助言语的（心理分析是很暴力的言语），唯一的工具是感觉，唯一的技术是接纳与认同，要达到的境界是无垠。不然，所谓的自我探索出来的结果只是言语产物，还不如那些活得简单、从不对自我进行探索的人。"

对思维，他说"不能对观察的事物有一个确定的结论，正是人类心智进步的结果，而非困惑。人不能把自己感受到的东西强加给别人，应该好奇为什么在别人眼里事物是不同的，觉察到这种差异，坚持自己，并欣赏别人的人就是一个聪明的人。……解释一件事情不要太执着于正确，或谁更正确，而要在乎哪种解释可以给我们带来更积极、更正面的理解，从而产生更有效的、更符合社会与人类利益的行为。所以，对事物观察产生的解释不在乎是否正确，而在乎是否有效。"

对于婚姻，他说"一个内心丰富而对精神世界有较高要求的女性，怎么在婚姻中经营幸福，大致可分几个层面：最普通的形式是和爱人建立相同的兴趣，把婚姻营建为双方都喜欢的样子，让回家的时候大家都觉得放松。最高级的形式是把家营建成男人是多余的东西，他只是生活的甜点，不是正餐，有他固然好，没他也不空虚。……成熟的爱有一种自我完成的色彩，她本身是完整的、自我愉悦的。"

对于婚姻中的交流，他说"有些家庭不怎么说话，一说话就争吵起来，那么互相拉开距离，少说话，其实也是一种交流和默契。坏就坏在我们拥有一些华而不实的观念，以为夫妻不怎么说话就等于没交流……心与心的交流才是一种人类高级的交流，有一种互相共情和互相融入的感觉，有些东西说出来就轻了，含在口里，融在心里，心心相印那才是真正的交流。这种交流可以用这样的词汇来形容：包容，欣赏，无条件接纳，感恩，全方位分享。"

……

这样的珠玑妙言数不胜数，是否给人客观、慈悲之感，是否让人觉得高屋建瓴、茅塞顿开？

读书，将是我们最好的修炼。

后　记

此书出版前夕，已到了盛夏时光。草木葱茏，生机勃勃。

真希望我们的孩子，就像阳光，就像植物，无拘无束，快乐绽放。

真希望我们的父母，对孩子，能像对待自然界中的花草一样，有效耕耘，静待花开。

也许，这需要很长的时间，一代又一代。

也许，我的写作，也会持续很长的时间，一年又一年。

只要有一位读者，我的公众号就会更新。就如我说的，这是为希望从容教育的家长、老师而存在的公众号。

希望在路上，写作在路上。

本书的出版，得到了海亮教育集团领导的大力支持和赞助，得到了我的导师朱教授的悉心指导和帮助，也得到了我的家人、同事和亲朋好友们的支持和鼓励，在此一并致以谢忱！

楼秀萍